国家自然科学基金重点项目：政府资产负债测度核算的
理论方法与政策研究（项目编号：71333014）

中国社会保险基金精算研究报告
（2016）

郑海涛　蒋云赟　顾东芳　任若恩 ◎ 著

中国金融出版社

责任编辑：张　铁
责任校对：潘　洁
责任印制：程　颖

图书在版编目（CIP）数据

中国社会保险基金精算研究报告．2016/郑海涛等著．—北京：中国金融出版社，2019.1

ISBN 978 – 7 – 5049 – 9936 – 8

Ⅰ.①中… Ⅱ.①郑… Ⅲ.①社会保障基金—保险精算—研究报告—中国—2016 Ⅳ.①D632.1

中国版本图书馆 CIP 数据核字（2019）第 007615 号

中国社会保险基金精算研究报告．2016
Zhongguo Shehui Baoxian Jijin Jingsuan Yanjiu Baogao. 2016

出版
发行　**中国金融出版社**

社址　北京市丰台区益泽路 2 号
市场开发部　（010）63266347，63805472，63439533（传真）
网 上 书 店　http://www.chinafph.com
　　　　　　（010）63286832，63365686（传真）
读者服务部　（010）66070833，62568380
邮编　100071
经销　新华书店
印刷　保利达印务有限公司
尺寸　169 毫米 × 239 毫米
印张　12.25
字数　167 千
版次　2019 年 1 月第 1 版
印次　2019 年 1 月第 1 次印刷
定价　40.00 元
ISBN 978 – 7 – 5049 – 9936 – 8
如出现印装错误本社负责调换　联系电话　（010）63263947

目 录

1 中国社会保险基金简介 ··· 1

2 报告概述 ··· 3
  2.1 摘要 ··· 3
    2.1.1 2015年基金运行情况 ··· 3
    2.1.2 短期结果 ·· 3
    2.1.3 长期结果 ·· 4
    2.1.4 结论 ·· 5
  2.2 2015年基金运行情况概述 ··· 5
  2.3 未来关键参数假设概述 ·· 7
  2.4 未来基金财务运行情况概述 ·· 10
    2.4.1 短期精算评估 ··· 10
    2.4.2 长期精算评估 ··· 11
  2.5 主要结论 ·· 14

3 2015年社会保险基金运行情况 ·· 16
  3.1 基本养老保险基金运行情况 ·· 19
    3.1.1 城镇职工基本养老保险 ·· 20
    3.1.2 城乡居民基本养老保险 ·· 23
  3.2 基本医疗保险基金运行情况 ·· 25
    3.2.1 城镇职工医疗保险 ·· 26

  3.2.2 城镇居民医疗保险 ·················· 27
3.3 2015 年社会保险重要文件目录 ·················· 29
  3.3.1 中共中央文件 ·················· 29
  3.3.2 国务院文件 ·················· 29
  3.3.3 国务院有关部门文件 ·················· 30

4 社保基金精算评估 ·················· 34
4.1 社会保险基金短期精算评估 ·················· 34
  4.1.1 基本养老保险基金 ·················· 35
  4.1.2 基本医疗保险基金 ·················· 41
  4.1.3 基本养老保险基金和基本医疗保险基金的共同
      运行情况 ·················· 47
4.2 社会保险基金长期精算评估 ·················· 49
  4.2.1 社会保险基金收支现金流评估 ·················· 49
  4.2.2 社会保险基金长期偿付率评估 ·················· 60
  4.2.3 社会保险基金长期收支累计现值评估 ·················· 63
  4.2.4 参保缴费年龄段人口与退休年龄段人口比较 ·················· 68

5 精算评估假设与方法 ·················· 71
5.1 人口统计方法与相关假设 ·················· 72
  5.1.1 生育模式与总和生育率 ·················· 72
  5.1.2 新生儿死亡率 ·················· 75
  5.1.3 新生儿性别比 ·················· 76
  5.1.4 死亡率 ·················· 77
  5.1.5 城乡迁移模式 ·················· 78
  5.1.6 总人口估计 ·················· 79
5.2 经济环境相关参数的预测方法与假设 ·················· 81

目 录

    5.2.1 劳动生产率增长率 ··· 81
    5.2.2 通货膨胀率 ·· 83
    5.2.3 社会平均工资增长率 ·· 84
    5.2.4 城镇就业人口结构及就业类别 ····································· 84
    5.2.5 城镇单位职工工资矩阵 ··· 86
    5.2.6 贴现率 ··· 88
  5.3 基本养老保险相关假设 ·· 90
    5.3.1 城镇企业职工（含其他、农民工）养老保险 ················· 91
    5.3.2 城镇机关事业单位职工养老保险 ································· 96
    5.3.3 新型农村养老保险 ··· 99
    5.3.4 城镇居民养老保险 ··· 100
    5.3.5 校准：基本养老保险相关参数 ··································· 102
    5.3.6 基本养老保险参数假设汇总 ······································ 107
  5.4 基本医疗保险相关假设 ·· 113
    5.4.1 基本医疗保险缴费收入 ·· 113
    5.4.2 基本医疗保险支出 ··· 117
    5.4.3 校准：基本医疗保险相关参数 ··································· 127
    5.4.4 基本医疗保险参数假设汇总 ······································ 130

6 附录 ··· 136
  6.1 考虑财政补贴情况下的精算评估情况 ································· 136
    6.1.1 社会保险基金财政补贴 ·· 136
    6.1.2 考虑财政补贴情况下的短期精算评估 ························ 138
    6.1.3 考虑财政补贴情况下的长期精算评估 ························ 142
  6.2 社会保险基金对财政支出的整体影响：隐性负债的度量 ······ 150
    6.2.1 不考虑财政补贴的情况 ·· 151
    6.2.2 考虑财政补贴的情况 ··· 153

6.3 长期敏感性分析 ………………………………………………… 156
　6.3.1 生育率 ………………………………………………… 156
　6.3.2 死亡率 ………………………………………………… 158
　6.3.3 劳动生产率增长率 …………………………………… 160

附件1 中国基本养老金隐性债务的测算简报 …………………… 163

附件2 中国基本医疗保险基金隐性债务的测算简报 …………… 177

1 中国社会保险基金简介

我国现行的社会保险体系主要包括养老保险、医疗保险、失业保险、工伤保险和生育保险五个险种,并鼓励有条件的企业建立和规范企业年金制度、补充医疗保险制度,构建多层次的社会保险体系。

基本养老保险方面,1997—2015 年,我国陆续颁布了《关于建立统一的企业职工基本养老保险制度的决定》《关于完善城镇社会保障体系试点方案的通知》《国务院关于完善企业职工基本养老保险制度的决定》《国务院关于机关事业单位工作人员养老保险制度改革的决定》,明确了建立和完善中国三支柱养老保障体系的方针,我国城镇职工(企业和纳入统筹的机关事业单位)养老金体系正式开始从单一的现收现付制向部分基金积累制转轨。

基本医疗保险方面,1994—1998 年,政府陆续颁布了《关于职工医疗制度改革的试点指导意见》《关于建立城镇职工基本医疗保险制度的规定》,正式确定实行社会统筹与个人账户相结合的基本医疗保险制度,基本医疗保险费由用人单位和职工双方共同承担。2009 年 4 月,《中共中央国务院关于深化医药卫生体制改革的意见》正式出台,并提出加快推进医疗保险制度的建设,要在 2010 年实现城镇职工基本医疗保险、新型农村合作医疗保险和城镇居民基本医疗保险三大保险的目标人口覆盖率超过 90%。

根据 1999 年颁布的《失业保险条例》,我国失业保险覆盖范围包括城镇企事业单位职工,单位与个人共同缴费。2010 年颁布的《国务院关于修改〈工伤保险条例〉的决定》规定,境内各类企事业单位、组织机构和有雇工的个体工商户参加工伤保险，为本单位全部职工或雇工缴纳工伤保险费。生育保险覆盖全部职工，由用人单位按照当地政府确定的缴费率缴费。

在五类社会保险险种中，基本养老保险与基本医疗保险占据社会保险基金收支主要部分，以2014年为例，五项社保基金收支规模达到72831亿元，其中基本养老保险总收支规模50946亿元、基本医疗保险总收支规模17821亿元，二者共计占基金总收支规模的94.42%。

本报告以社会保险基金的历史运行数据为基础，通过基准情形下的关键参数假设，对以基本养老保险和基本医疗保险为代表的社会保险基金在2016—2090年期间的收支情况进行测算，从而对社会保险基金在短期（10年）和长期（75年）内的精算平衡能力分别进行评估，并充分考虑未来人口、经济及社会保险基金运行情况的最乐观与最悲观情况，建立低成本情形和高成本情形，对两类极端情形下的社会保险基金运行情况进行评估分析。

2 报告概述

2.1 摘要

本部分将概括报告主要结果。

2.1.1 2015年基金运行情况

截至2015年末,基本养老保险参保人员共计8.58亿人,较上年增长2.03%,其中,参保缴费年龄段人口和退休年龄段人口分别为6.14亿人、2.44亿人;城镇基本医疗保险参保人员共计6.66亿人,较2014年增长11.4%。基金收支方面,2015年,社会保险基金的年度总收支分别为4.60亿元、3.90亿元,分别较上年增长15.5%和18.1%;其中,基金征缴总收入3.54亿元,较上年增长12.3%,相当于当年基金总收入的76.83%,征缴总收入的占比相对于上年下降2.23个百分点。2015年末基金累计结余5.95亿元,较上年增长13.5%,2010—2015年期间,年末累计结余平均年增长20.5%。

2.1.2 短期结果

2015年,基本养老保险和基本医疗保险共同运行的"联合基金"的缴费总收入小于总支出,当年收支缺口5247.2亿元(不考虑财政补贴)。在短期(2016—2025年)内,除2020—2022年之外,其余各年始终有缴费总收入低于总支出,即出现收支缺口。从基金偿付的角度来看，在基准情形下，"联合基金"的基金偿付率从2018年开始降至100%以下，之后逐年下降，因而从2018年开始，"联合基金"不满足短期资本充足的条件。基准情形下的"联合基金"短期基金偿付率变化如图2.1所示。

在基准情形下，短期内，基本养老保险基金的缴费总收入始终大于总支出，即各年始终存在收支盈余，年末基金累计结余也一直保持增长。相应地，基金偿付率始终高于100%，但随着基金支出的快速增长而不断下降。从整体来看，基本养老保险基金在短期内资本充足。

相比之下，基本医疗保险基金的缴费总收入一直不足以应对总支出，各年均存在收支缺口，且从2015年的2160.2亿元快速增长，到2025年预计达到8191.1亿元。2016年的基金偿付率为91.09%，基本医疗保险基金始终不满足短期资本充足条件。此外，基金累计结余自2020年开始耗尽，耗尽当年，基金的缴费总收入仅足以支付79.16%的预计总支出。

2.1.3　长期结果

在基准情形下，长期（2016—2090年）内，基本养老保险和基本医疗保险共同运行的"联合基金"的缴费总收入小于总支出，"联合基金"的累计结余逐年下降，直到2029年全部耗尽，预计2029年的缴费总收入相对于总支出的比率为83.01%。单独来看，基本养老保险基金和基本医疗保险基金的累计结余将分别在2034年和2020年耗尽。

长期来看，"联合基金"的成本比率基本始终高于收入比率（缴费总收入、总支出相对于GDP的比率），且成本比率增速较快，预计将从2016年的5.63%增至2090年的9.83%，这主要是由于人口老龄化的加深以及医疗保险改革带来参保人员覆盖率提高和报销比升高。而"联合基金"的缺口率到2090年也将增至5.01%，其中，缺口率主要在2030—2050年期间增速较快，年均增长0.15个百分点，而长期内缺口率累计平均年增长0.065个百分点。

2 报告概述

若将未来 75 年看作一个整体,比较未来累计收支现值的情况,预计基本养老保险基金和基本医疗保险基金的累计缺口率将分别为 10.63% 和 5.92%。

2.1.4 结论

在基准情形下,本报告预计自 2016 年开始,"联合基金"的总支出将超过缴费总收入,形成收支缺口,并在未来 75 年内逐年扩大。而"联合基金"的累计结余将从 2016 年末的 5.14 亿元逐年下降,直到 2029 年全部耗尽;2029 年,"联合基金"缴费总收入相对于总支出的比率仅为 83.01%,即如果没有财政补贴,从 2029 年开始,"联合基金"将无法按时足额支付既定福利。而单独来看,基本医疗保险基金的累计结余在 2020 年就将全部耗尽,耗尽当年的缴费总收入仅能够支付总支出的 79.16%;基本养老保险基金的累计结余则将在 2034 年全部耗尽,耗尽当年缴费总收入足以实现 85.76% 的总支出。相比之下,基本医疗保险基金的未来收不抵支问题更加严重,对财政补贴具有更强的依赖性。

2.2 2015 年基金运行情况概述

2015 年,基本养老保险基金、基本医疗保险基金、两类保险共同运行的联合基金的收支情况和基金累计结余情况,以及社会保险基金的总体财务运行情况,如表 2.1 所示。

表 2.1   2015 年保险基金运行情况   单位:亿元

项目	养老保险	医疗保险	养老保险和医疗保险	社会保险
2014 年末基金累计结余	35645	10644.8	46289.8	52463
2015 年总收入	32196	11193	43389	46013
城镇职工	29341	9084	38425	—

中国社会保险基金精算研究报告（2016）

续表

项目	养老保险	医疗保险	养老保险和医疗保险	社会保险
城乡居民	2855	2109	4964	—
2015年总支出	27930	9313	37243	38989
城镇职工	25813	7532	33345	—
城乡居民	2117	1781	3898	—
2015年基金净结余	4266	1880	6146	7024
2015年末基金累计结余	39937	12542.81	52479.81	59532

注：（1）基本医疗保险基金的收、支及累计结余均不包括新型农村合作医疗部分；

（2）当年基金净结余与年末基金累计结余的差额存在一定差异，主要属于统计部分的差异。

在2015年社会保险基金的4.60亿元总收入中，征缴收入占比76.83%，较上年下降2.23个百分点。基本养老保险基金和基本医疗保险基金作为一个整体"联合基金"，实现的总收入在社会保险基金总收入中占比94.30%；其中，两类保险基金总收入分别占比74.20%、25.80%。

2015年的社会保险基金总支出为3.90亿元。较上年增长18.1%。基本养老保险基金和基本医疗保险基金的总支出相当于社会保险基金支出总额的95.52%；其中，两类保险基金总收入分别占比74.99%、25.01%。

基金结余方面，基本养老保险基金和基本医疗保险基金2015年末的基金累计结余总额相对于社会保险基金年末累计结余的比率为88.15%。两类保险基金收支规模和累计结余均占据社会保险基金的绝大部分，本报告对社会保险基金的收支评估主要针对基本养老保险和基本医疗保险两类基金。

具体来看两类保险基金，基本养老保险基金的收支构成中，城镇职工养老保险收支分别占比91.13%、92.42%；基本医疗保险基金的收支构成中，城镇医疗养老保险收支分别占比81.16%、80.88%。对于两类保险而言，城镇职工实现的收支规模均占据保险收支规模总额的绝大部分，因此，城镇职工是基本养老保险和基本医疗保险的主要参保人口。但对比来看，基本医疗保险收支中的城镇职工部分占比明显低于基本养老保险（基本医疗保险收支未将新型农村合作医疗参保数据包括在内，本报告的基本医疗保险中的城镇职工收支占比高于实际值），体现出相对于基本养老保险而言，基本医疗保险在居民之间的覆盖更加广泛。

截至2015年末，城镇职工养老保险的参保人员仍主要为企业职工，当年企业职工养老保险的收支分别相当于城镇职工养老保险收支的90.70%、89.65%。随着未来机关事业单位养老保险制度改革的推进，有望进一步扩大城镇职工养老保险收支规模。

2.3 未来关键参数假设概述

基本养老保险基金和基本医疗保险基金的未来收支预测，主要取决于对参保缴费年龄段人口、参保人员缴费额、参保退休年龄段人口、退休人员福利待遇等变量的预测。而这些变量的估计又是以人口结构（生育率、死亡率、性别比、迁移率等）、就业结构、经济环境变化（劳动生产率增长率、通货膨胀率等）、保险参数（退休年龄、缴费率、收缴率、替代率、就诊率、住院率、次均医疗费用、报销比等）等基础数据的估计为基础的。

本报告中三种情形下的关键人口结构和经济环境假设如表2.2所示，基准情形下的保险基金参数假设如表2.3、表2.4所示。基准情形的假设反映了对未来相关参数变化的最佳预测，因此，本部分概述中列示的主要数据是基准情形下的结果。针对未来参数变化的不确定性，低成本情形和高成本情形的预测分析给出了未来变化的最乐观和最悲观两种极端情形，对这两类极端情形的概述详见2.4.2小节。

表2.2　　　　　　　　　人口及经济环境相关假设

相关参数	参数假设
人口结构	
生育率	2010—2015年期间，城镇、农村总和生育率分别从1.24、2.01增至1.69和2.12；到2030年分别达到1.80和2.29，城镇生育率之后保持不变，农村生育率降至2050年的2.22，之后也保持不变
新生儿死亡率	2010—2014年期间，城镇、农村新生儿死亡率分别从4.1‰、10‰降至3.5‰和6.9‰；到2030年，我国城乡新生儿死亡率将分别达到2‰、3.5‰，之后保持该水平不变
新生儿性别比	2010年的城乡新生儿性别比分别为120.15、122.09；匀速下降至2050年分别达到105、107，之后保持不变
城镇人口比重	2050年达到峰值75%
经济环境	
劳动生产率增长率	从2011年的11.09%降至2015年的8.94%；匀速下降至2050年，达到6.31%，之后保持不变
通货膨胀率	2%

表2.3　　　　　　　　　基本养老保险相关参数假设

相关参数	城镇企业单位职工	城镇机关事业单位职工	城乡居民
参保率	企业：100%；其他：2016—2020年，从85.31%匀速增至100%，之后不变	机关100% 事业100%	乡：2016—2020年，从92.54%匀速增至100%，之后不变；城：2016—2025年，从18.03%匀速增至100%，之后不变
实际缴费人口/参保人口	77%	100%	100%

2 报告概述

续表

相关参数	城镇企业单位职工	城镇机关事业单位职工	城乡居民
缴费率	企业20%、个人8%	单位20%、个人8%	(固定个人年缴费额) 2016年，乡为246元、城为304元，之后按劳动生产率增长率增长
缴费基数	企业职工平均工资	机关事业单位职工平均工资	
收缴率	71.18%不变	机关100%、事业70%	100%
目标缴费年龄段	男性29~59岁、女干部29~54岁、女工人29~49岁	男29~59岁、女29~54岁	16~59岁
退休年龄	男性60岁、女干部55岁、女工人50岁	男60岁、女55岁	男、女均为60岁
养老金发放标准	"老、中人"，平均退休金×75.14%；"新人"：基础养老金+个人账户养老金	统筹退休人员：基础养老金+个人账户养老金	基础养老金+个人账户养老金

表2.4 基本医疗保险相关参数假设

相关参数	城镇职工	城镇居民	新型农村合作医疗
参保	参保职工/城镇就业、参保退休/城镇退休分别保持40.86%和65.1%不变	0~15岁人口全部参保；参保职工/城镇就业、参保退休/城镇退休分别保持29.62%和34.9%不变	农村居民全部参保；参保农民工/城镇就业保持29.52%不变
缴费率	企业6%，个人2% 缴费划入个人账户比率87%	(固定个人年缴费额) 2016年，城居保、新农合的人均年缴费分别为121.93元和148.27元，之后各年按劳动生产率增长率增长	
缴费基数	城镇职工平均工资		
收缴率	88%	100%	100%
目标缴费年龄段	男性29~59岁、女干部29~54岁、女工人29~49岁	16~59岁	16~59岁

续表

相关参数	城镇职工	城镇居民	新型农村合作医疗
退休年龄	男60岁、女干部55岁、女工人50岁	男、女均为60岁	男、女均为60岁
次均医疗费用	2016年的次均住院、就诊费用分别为11068.92元和517.47元，之后按劳动生产率增长率增长	2016年的次均住院、就诊费用分别为7249.96元和336.35元，之后按劳动生产率增长率增长	2016年的次均住院、就诊费用分别为6251.36元和306.47元，之后按劳动生产率增长率增长
平均住院率	16.50%	10.4%	9.02%
平均就诊率	21.54%	6.04%	12.80%
住院费用报销比	82%	65.55%	50.10%
就诊费用报销比	50.03%	43.99%	20.92%

注：表2.3、表2.4仅列示2016—2090年保险参数假设，详细参数假设见第5章。

2.4 未来基金财务运行情况概述

2.4.1 短期精算评估

对社会保险基金未来短期（2016—2025年）内运行情况的精算评估，本报告主要通过对短期基金偿付率（在基准情形下，各类保险基金的年初累计基金结余相对于当年基金福利支出总额的比率）的测算分析来实现。"基金偿付率≥100%"，即保险基金的年初累计基金结余不小于当年预计基金福利支出，表示在短期内，保险基金偿付能力充足。

本报告的测算中，在基准情形下，只有基本养老保险基金的基金偿付率能够在未来10年内始终大于100%，说明只有基本养老保险基金在短期内偿付能力充足。而基本医疗保险基金的基金偿付率在未来10年里始终低于100%，并且逐年降低，直到2020年末，基本医疗保险基金的累计结余全部耗尽。两类保险联合基金的基金偿付率在短期内保持逐年下降趋势，从2018年开始小于100%；但在未来10年里，基金累计结余始终未被耗尽。

两类保险联合基金的基金偿付率在短期内的变化走势如图2.1所示。

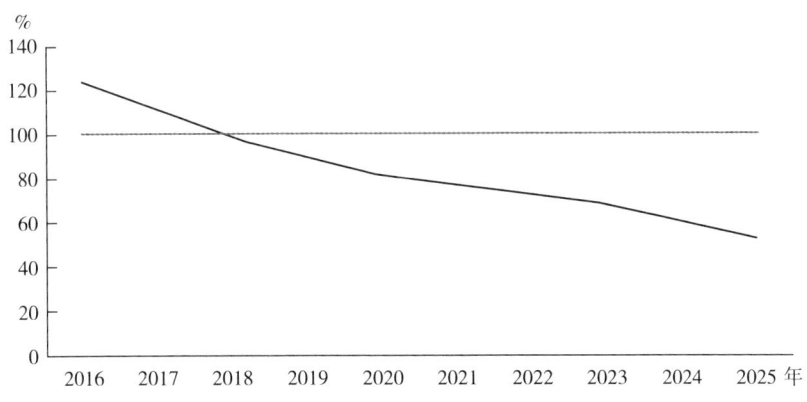

图2.1 两类保险联合基金的短期基金偿付率

2.4.2 长期精算评估

本报告主要通过三种方式来评估保险基金在未来75年内的长期精算平衡情况，具体包括：（1）各年基金收支现金流评估（包括收入比率、支出比率和缺口率）；（2）长期基金偿付率；（3）长期收支平衡情况（包括收入累计现值比率、支出累计现值比率和累计缺口率）。其中，各类比率主要是通过绝对数值相对于参保人员应税工资总额或者GDP的比率来表示的。

本报告还对社会保险基金在封闭条件下的长期精算平衡情况进行了检验。为了通过这个检验，保险基金需要满足以下两个条件：（1）短期内，基金满足偿付能力充足条件；（2）长期内，基金偿付率在75年的考察期内始终为正值，以保障参保人员的既定福利能够按时足额发放。经过分析可以发现，在基准情形下，封闭条件下的社会保险基金无法通过长期精算平衡情况的检验。

2.4.2.1 各年收支现金流的收、支比率及缺口率

2016—2090年期间，基本养老保险和基本医疗保险"联合基金"的各年缴费收入总额和福利支出总额，分别相对于各年GDP的比率为收入比率、支出比率，汇总如图2.2所示。在基准情形下，受到人口老龄化加速及医保制度改革的影响，联合基金的支出比率大幅增长（从3.77%增至9.89%），2020—2055年期间，增幅尤为显著。联合基金的缺口率自2023年开始出现，之后约30年的时间里，快速增长，到2057年达到峰值4.80%，随后基本保持不变。

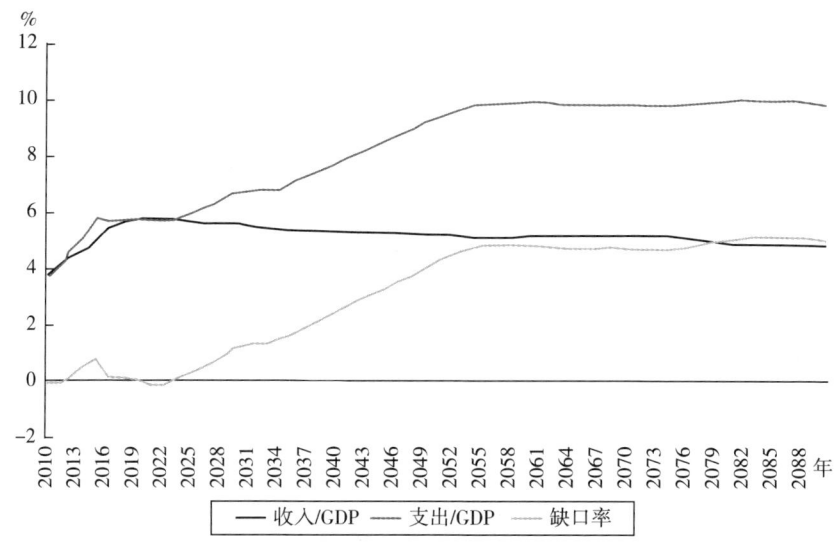

注：基本养老保险和基本医疗保险对应参保人口不同，因此应税工资总额存在差异，此处测算的两类保险汇总收支比率，为相对于GDP的比率。

图2.2 联合基金收、支比率及缺口率

考虑到保险基金各年支出比率的快速增长变化，本报告进一步对各类保险的参保人口结构构成进行了分析，如图2.3所示。各类保险抚养比的

变化基本呈现出与支出比率变化相近的走势,在2020—2055年期间,各类保险抚养比均快速上升,到2055年,基本养老保险和基本医疗保险以及二者联合保险的抚养比分别达到98.87、50.72和68.38,此后基本保持稳定。人口老龄化、社会保险覆盖率增大,促进享受保险福利待遇人员相对于保险缴费阶段人员的比重不断加大,进而导致各年保险支出比率以及缺口率的快速加大。

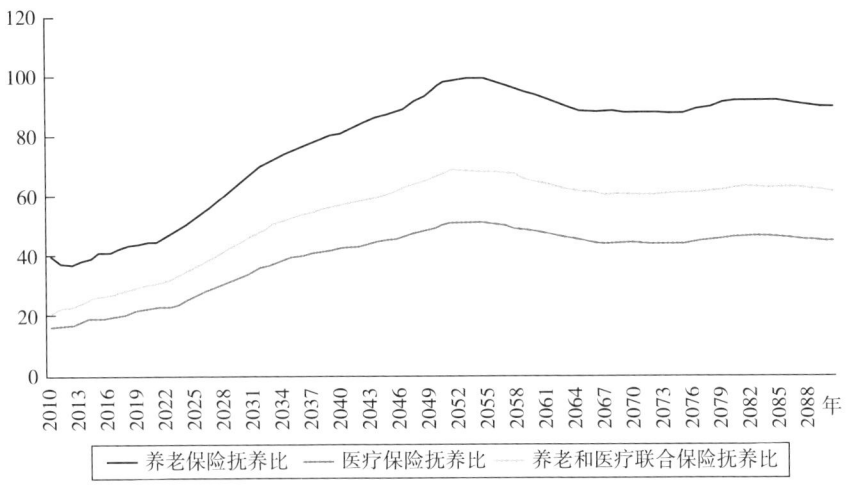

注:抚养比,是指每100名参保缴费年龄段人口所对应的参保退休年龄段人口数目。

图2.3 两类保险参保人口结构

2.4.2.2 各年基金偿付率

基金偿付率是指各年年初保险基金累计结余相对于当年基金支出总额的比率,反映了年初基金累计结余可以独立支付全年基金既定福利支出总额的百分比。基本养老保险基金、基本医疗保险基金和两者联合基金在长期内的基金偿付率最大值及其出现年份,以及基金累计结余耗尽年份汇总如表2.5所示。在2016—2090年期间,两类保险基金及其联合基金的基金偿付率均呈现逐年递减趋势,而对应基金偿付率在2010—2015年期间,均为缓慢增长。

表 2.5　2016—2090 年期间的保险基金偿付率最大值和
基金累计结余耗尽年份（基准情形下）

项目	养老保险	医疗保险	养老保险和医疗保险
最大基金偿付率（%）	139.11	91.09	123.54
实现年份	2016	2016	2016
基金累计结余耗尽年份	2034	2020	2029

2.4.2.3　各年收支累计现值比率及缺口率

这一部分估算的缺口率是将 75 年考察期作为一个整体来度量保险基金的财务运行情况。收入累计现值比率是未来一段时期内的缴费收入累计现值、初始基金累计结余相对于对应时间段内的参保人员应税工资总额累计现值的比重；支出累计现值比率是未来一段时期内的福利支出累计现值、考察时段的年末基金偿付率达到 100% 所需的资金现值相对于对应时间段内的参保人员应税工资总额累计现值的比重。收支累计现值比率的差额即为缺口率，反映了将 2016—2090 年的时间段作为一个整体，从当前时点来看，未来收支现值总额的差异占参保人员应税工资现值总额的比重。

在基准情形下，两类保险基金在未来 75 年考察期内的总缺口率分别为 28.19% 和 14.20%，两类保险联合基金在未来 75 年考察期内的缺口率 3.37%（相对于 GDP）。

2.5　主要结论

在当前的社会保险制度下，在基准情形下，在 2016—2090 年期间，基本养老保险基金和基本医疗保险基金均存在明显的总支出（福利支出）增速过快的现象。其中，基本养老保险基金的支出比率在 2016—2022 年期间未发生显著变化，而在 2022—2055 年期间快速从 15.17% 增至 33.18%，之后再次基本保持稳定；由于医保制度改革的原因，基本医疗保险的支出比率在2011—2015年期间快速增长，到2015年达到9.73%，累计增长6.04个百分点，之后在报销比例提高和覆盖率增长的作用下，支出比率进一步增长，到2056年增至15.93%，但在此期间增速放缓，年均增长约0.15个百分点，而在此之后，支出比率保持平稳。

相较之下，两类保险基金的收入比率基本没有发生显著变化。2016—2090年期间，基本养老保险基金的收入比率基本稳定在17%附近；基本医疗保险基金的收入比率在经历了2010—2015年的增长之后，未来75年里也基本没有发生显著变化，基本保持在8.1%~8.2%之间。

高速增长的支出比率与基本保持稳定的收入比率，导致未来75年的时间里，收支缺口率快速增长，基本养老保险基金自2027年开始出现收支缺口，之后到2090年缺口率增至18.55%；在仅考虑个人缴费的情况下，基本医疗保险基金在考察期内始终存在收支缺口，到2090年缺口率高达7.61%。

伴随着保险基金各年收支缺口的出现及快速增长，各类保险原有的累计结余也迅速耗尽。基本养老保险和基本医疗保险的基金累计结余分别在2034年和2020年耗尽，累计结余耗尽当年，保险的缴费收入相对于福利支出总额的比率仅为85.76%和79.16%。若假设两类保险共同运行，将两类保险收支数据合并考虑，预计联合基金累计结余也将在2029年耗尽，耗尽当年的收支比为83.01%。

在社会保险基金独立运行的情况下，未来将出现严重的收不抵支现象，可以认为社会保险基金本身的独立运行能力较差。尤其在未来40年的人口老龄化环境下，保险基金收支缺口将迅速扩大，这为国家财政带来了巨大压力。因此，我们认为社会保险制度改革（如延迟退休、缴费标准提高等）具有很强的现实意义。

3 2015年社会保险基金运行情况[①]

本部分将对2015年社会保险基金的历史运行情况进行回顾,并概括性描述五类险种收支情况。

表3.1列示了2015年的社会保险基金收支情况以及2015年初和年末的基金累计结余情况。2015年,我国社会保险基金总收入和总支出分别达到4.6013万亿元、3.8989万亿元,当年实现基金收支结余0.7024万亿元,年末基金累计结余5.9532万亿元。

表3.1　　　　　　　2015年社会保险基金收支运行情况　　　　单位:亿元

年初基金累计结余(2014.12.31)		52463
基金总收入		46013
其中:征缴收入	35353	
基本养老保险基金收入		32196
城镇职工基本养老保险	29341	
其中:征缴收入	23016	
正常缴费	20602	
非正常缴费(预缴、补缴、清理历史欠费和其他)	2414	

---

① (1)本部分数据来自人力资源和社会保障部社会保险事业管理中心发布的《中国社会保险发展年度报告2015》和《社会保险运行报告2015》。
(2)基本养老保险划分为城镇职工养老保险、城乡居民养老保险,未在原籍参加新农保而在城镇参保的农民工纳入城镇职工保险范畴。
(3)城镇(城乡)居民基本医疗保险仅包括城镇居民医疗保险,未对新型农村合作医疗相关数据进行报告。

3 2015年社会保险基金运行情况

续表

财政补助	4716	
利息收入	1021	
其他收入	588	
城乡居民基本养老保险	2855	
基本医疗保险基金		11193
职工基本医疗保险	9084	
城镇（城乡）居民基本医疗保险	2109	
工伤保险基金		754
征缴收入	710	
利息收入	28	
财政补贴收入	14	
其他收入	2	
失业保险基金		1368
失业保险费收入	1245.7	
利息收入	112.2	
财政补助收入	0.06	
其他收入	4.6	
转移收入	5.2	
生育保险基金		502
基金总支出		38989
基本养老保险基金		27930
城镇职工基本养老保险	25813	
城乡居民基本养老保险	2117	
基本医疗保险基金		9313
职工基本医疗保险	7532	
城镇（城乡）居民基本医疗保险	1781	

中国社会保险基金精算研究报告（2016）

续表

工伤保险基金		599
工伤保险待遇支出	591	
劳动能力鉴定费支出	2	
工伤预防费支出	3	
其他支出	2	
转移支出	1	
失业保险基金		736
用于保障失业人员基本生活的失业保险待遇支出	338.9	
用于"两项补贴"和其他促进就业支出	354.7	
农民合同制工人一次性生活补助支出	23.1	
其他支出	14.5	
转移支出	5.2	
生育保险基金		411
当年基金净收入（2015年）		7024
调整项		45
年末基金累计结余（2015.12.31）		59532

2015年的基金总收入构成中，包括征缴收入3.5353万亿元，相当于基金总收入的76.83%。如表3.2所示，基本养老保险和基本医疗保险分别实现收入3.22万亿元、1.12万亿元，分别相当于社保基金总收入的69.97%、24.33%，其余三类保险（工伤保险、失业保险、生育保险）实现总收入仅相当于基金总收入的5.70%。而在2015年的基金总支出中，工伤保险、失业保险、生育保险累计总支出相当于基金总支出的4.48%。此外，根据表3.3，社会保险基金资产构成中，基本养老保险和基本医疗保险资产合计占比达88.60%。

3　2015年社会保险基金运行情况

表3.2　　　　社保基金收支中各类保险所占比重　　　单位：%

项目	收入	支出
基本养老保险	69.97	71.64
基本医疗保险	24.33	23.89
工伤保险	1.64	1.54
失业保险	2.97	1.89
生育保险	1.09	1.05

表3.3　　　　　　社会保险基金资产情况　　　　　　单位：亿元

项目	职工养老	居民养老	职工医疗	居民医疗	工伤	失业	生育	合计
资产	37429	4833	11245	1760	1296	5130	688	62381
现金	0	0	0	0	0	0	0	0
支出户存款	1489	1489	894	137	87	156	61	2914
财政专户存款	30816	4446	10097	1569	1196	4827	623	53574
暂付款	2514	262	232	54	9	118	3	3192
债券投资	18	35	22	0	4	29	1	109
委托运营	1222	0	0	0	0	0	0	1222
协议存款	1370	0	0	0	0	0	0	1370

考虑到基金收支体量和资产规模问题，可以认为工伤保险、失业保险、生育保险对社保基金收支情况影响较小，本报告的收支情况分析将主要针对基本养老保险和基本医疗保险展开。

3.1　基本养老保险基金运行情况

根据人力资源和社会保障部《中国社会保险年度发展报告2015》对基

本养老保险的类别划分,本部分将基本养老保险2015年运行情况回顾划分为城镇职工基本养老保险和城乡居民基本养老保险两类。

3.1.1 城镇职工基本养老保险

截至2015年底,城镇职工基本养老保险参保人数达到3.54亿人,较2010年底增加9654万人,参保人数年均复合增长6.58%。2015年底的城镇职工基本养老保险参保人员中,企业、机关事业单位和其他方式就业的参保人员人数分别为2.48亿人、0.22亿人、0.83亿人,企业单位参保人员相当于城镇职工基本养老保险总参保人员的70.06%。

考虑到企业单位参保人员占城镇职工基本养老保险参保人员的绝大部分,且根据《国务院关于机关事业单位工作人员养老保险制度改革的决定》(国发〔2015〕2号),机关事业单位养老金改革自2014年底开始实施,本部分主要报告企业职工(包括企业单位、其他方式就业、未在原籍参加新农保而在城镇参保的农民工)基本养老保险的参保情况。

2015年底,企业参保在职职工、参保离退休人员分别为2.46亿人、0.85亿人,其中参加缴费人员为1.97亿人。当年企业参保在职职工人数增长2.7%,为近五年来最低增长水平。2015年底,全国参加企业职工基本养老保险的农民工共有5585万人,占外出农民工总人数的32.85%,农民工参保率基本与上年持平,如图3.1所示。

如表3.4所示,企业职工基本养老保险基金的收入主要包括征缴收入、财政补助、利息收入和其他收入四个部分,其中征缴收入约占基金当年总收入的79.26%,是基金收入的最主要来源。在征缴收入中,当期征缴实现收入,即按照当期缴费基数、缴费人数、费率核定征缴到账的养老保险缴费,共计18737亿元,相当于征缴收入总额的88.8%。2010—2015年期间,企业职工基本养老保险征缴收入复合年均增长率为16.1%,超过同期GDP总量增长率(8.2%)和公共财政收入增长率(14.3%)。征缴收入的来源构成中,单位缴费与个人缴费分别占比63.36%和36.64%。

3 2015年社会保险基金运行情况

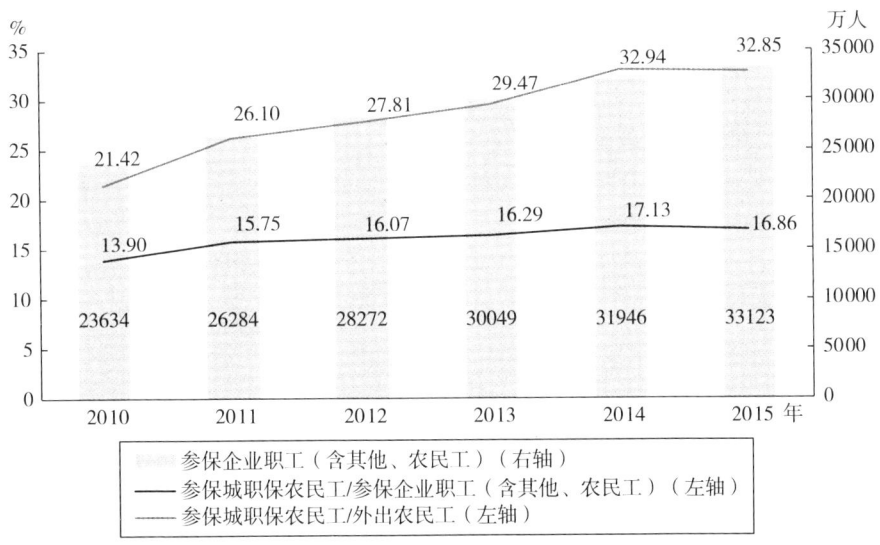

图3.1 企业职工养老保险参保情况

表3.4　　　　2015年企业职工基本养老保险基金收支运行情况　　　单位：亿元

年初累计结余		30626
总收入		26613
其中：征缴收入	21093	
当期缴费	18737	
预缴	89	
补缴	1949	
清欠	290	
其他	28	
财政补助	3970	
中央财政补助	3598	
地方财政补助	372	

续表

利息收入	1019	
其他收入	531	
总支出		23141
其中：个人账户基金支出	1048	
调整项	17	
年末累计结余		34115

作为基金收入的第二大来源，2015年的财政补助实际到账金额共计3970亿元，相当于基金当年总收入的14.92%。其中，中央财政补助收入占企业职工基本养老保险基金的比重，近年来长期保持在12%~13.5%之间。

2015年，基金实现的投资收益率为3.1%，显著高于同期银行一年期定期存款利率（2015年，央行一年期存款基准利率为1.5%、国有商业银行一年期利率为1.75%）。

养老金支出水平方面，2015年企业职工养老保险月人均缴费基数为3319元，而企业退休人员月人均养老金2240元，养老金替代率（人均基本养老金/人均缴费基数）近似为67.5%，与2014年替代率水平基本保持一致。2015年基金总支出23141亿元，同比增长16.6%，基金支出的快速增长主要是受到养老金水平提高，离退休人员增加，在职死亡、丧葬抚恤补助等其他因素的影响。

若不考虑财政补助等外部因素，仅由征缴收入支撑基金支出，2015年收支缺口达到2048亿元。

2015年底，企业职工基本养老保险基金累计结余34115亿元，以当年基金支出总额的十二分之一作为基金平均月总支出，预计年底的基金累计结余可维持企业职工基本养老保险基金运行17.7个月。而企业职工基本养老保险个人账户累计记账额为45443亿元，相当于基金累计结余额的133.2%，较上年增长5.7个百分点，个人账户累计记账额与基金累计结余额的差距持续扩大。

3.1.2 城乡居民基本养老保险

截至2015年底，全国城乡居民基本养老保险参保人数达到5.05亿人，较2010年底增加4.02亿人，年均复合增长率为37.48%（见表3.5）。在参保人员构成中，农村居民、城镇居民分别占比95.4%、4.6%。在参保人员中，有3.03亿人实际缴费，较上年减少1.8%，实际续保率为86.2%；而当年实际领取养老金待遇人员共计1.48亿人，较上年增长3.4%。

表3.5　　　　　2015年城乡居民基本养老保险参保人员构成

参保人员	参保人数（万人）	参保人数占比（%）
60岁以下城镇居民	1430	2.8
60岁以上城镇居民	893	1.8
60岁以下农村居民	33731	66.8
60岁以上农村居民	14418	28.6

如表3.6所示，城乡居民基本养老保险基金的收入主要依赖"政府、集体、个人"三方共同出资，在2015年的基金收入构成中，财政补助2019亿元，相当于城乡居民基本养老保险基金总收入的70.72%，是基金最主要的收入来源。具体来看，财政补助收入的构成中，基础养老金补助是其中最重要的部分，相当于财政补助收入总金额的90.3%，其次是缴费补助收入，约占补助总额的7.8%；从补助资金来源的角度看，中央财政、省级、市级、县级分别支付基础养老金补助的56.4%、17.8%、7.2%、18.6%。

表 3.6　　　2015 年城乡居民基本养老保险基金收支运行情况　　　单位：亿元

年初累计结余		3845
总收入		2855
其中：个人缴费	700	
集体补助（资助）	9	
财政补助	2019	
其中：基础养老金补助	1824	
缴费补助	157	
其他补助	38	
利息、转移及其他收入	127	
总支出		2117
其中：基础养老金	1881	
个人账户养老金	193	
转移和其他支出	43	
调整项		9
年末累计结余		4592

作为基金收入的第二大来源，个人缴费当年累计贡献总收入的 24.52%，人均个人年缴费 221.9 元，较 2014 年仅有小幅度提升，增长 2.87%。我国个人缴费水平仍然偏低。2015 年，约有 92.6% 的参保人员选择 300 元及以下的档次缴费，仅有 0.9% 的人选择 1200 元以上缴费，其中仅选择 100 元缴费档次的人约占 75.8%。

养老金支出水平方面，2015 年全国城乡基本养老保险月人均养老金水平为 116.7 元，相比于上年有显著提高，增长 29.8%。当年基金账户支出主要集中在基础养老金方面，全年基础养老金总发放金额相当于基金总支出的88.85%；由于个人账户建账时间短、缴费水平低，个人账户实际发生支出仍处在较低水平，仅占当年基金总支出的9.1%。

2015年底，全国城乡居民基本养老保险基金累计结余4592亿元。"十二五"期间，城乡居民基本养老保险基金各年年底累计结余持续增长，但增速显著放缓，逐渐趋于平稳，如图3.2所示。

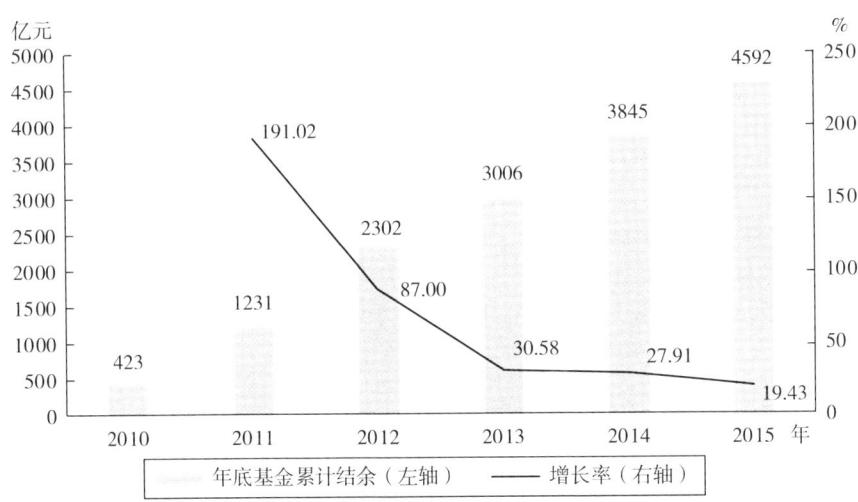

图3.2 城乡居民基本养老保险基金累计结余情况

3.2 基本医疗保险基金运行情况

2015年是全面深化医疗卫生体制改革的关键之年，也是全面完成"十二五"规划的收官之年。城镇基本医疗保险累计参保6.66亿人，较上年增长11.4%，较"十一五"末增长53.9%。

参考《中国社会保险发展年度报告》，本部分仅报告城镇基本医疗保险的运行情况，包括城镇职工医疗保险和城镇居民医疗保险两部分，未涉及新型农村合作医疗的运行情况。

3.2.1 城镇职工医疗保险

截至 2015 年底,城镇职工医疗保险参保人员共计 2.89 亿人,其中参保在职职工和参保退休人员人数分别为 2.14 亿人、0.75 亿人。根据城镇职工医疗保险参保人员就业类型划分,企业单位、机关事业单位和其他方式就业的人员分别占比 68.7%、20.0%、11.3%。

2015 年城镇职工医疗保险的平均费率为 9.07%,比上年提高 0.13 个百分点,其中,统账结合单位缴费率、个人缴费率分别为 7.78% 和 2.18%。人均缴费基数 44762 元,年增幅为 11.9%,高于社会平均工资增幅(9.5%)。

2015 年,城镇职工医疗保险参保人员享受医保待遇 16.2 亿人次,其中,普通门诊急诊 14.1 亿人次、门诊大病 1.6 亿人次、住院 0.46 亿人次;平均全年人均门诊就诊 5.6 次,住院率 16.5%,次均住院 12.2 日。而在医疗费用方面,2015 年的城镇职工医疗保险参保人员医疗费用共 7887 亿元,普通门诊急诊、门诊大病和住院的次均费用分别为 163 元、471 元、10414 元(住院医疗费用包括药品费、检查治疗费、服务设施费、其他费用四个部分)。

参保人员医疗费用报销方面,2015 年的城镇职工医疗保险政策范围内住院费用基金支付比例(参加城镇职工医疗保险的人员在定点医疗机构住院发生城镇职工医疗保险支付范围内的医疗费用中由职工医疗保险基金、职工大额医疗互助基金等支付的比例)为 81.9%,较上年减少 0.2 个百分点,其中,统筹基金支付比例为 79.4%。

职工基本医疗保险基金的资金运营管理通过统筹账户和个人账户实现。如表 3.7 所示,2015 年的职工基本医疗保险基金总收入主要来自征缴收入,相当于总收入金额的 96.07%;而在基金总收入的构成中,统筹账户、个人账户实现的收入分别占比 62.6% 和 37.4%;支出方面,两个账户发生的支出则分别相当于基金总支出的 61.8%、38.2%。

3 2015年社会保险基金运行情况

表3.7　　　　2015年职工基本医疗保险基金收支运行情况　　　单位：亿元

年初累计结余		5537
总收入		9084
其中：征缴收入	8727	
单位缴纳	6957	
个人缴纳	1770	
财政补助	68	
利息收入	237	
其他收入	51	
总支出		7532
其中：统筹基金支出	4654	
个人账户支出	2877	
调整项（个人账户当期积累）		-521
年末累计结余		6568

2015年底，统筹基金账户累计结余6568亿元，较上年增长18.6%；累计结存平均可支付16.9个月，若剔除预缴，可支付16.5个月，比上年增加1.1个月。个人账户当期积累520亿元，累计结存4429亿元。

3.2.2　城镇居民医疗保险

截至2015年底，城镇居民医疗保险参保人数达3.77亿人，其中，参保人员可以划分为成年人、中小学生和儿童、大学生三类，占总参保人员的比重分别为61.94%、31.96%、6.09%。

2015年，城镇居民医疗保险参保人员享受医保待遇5.82亿人次，其中，住院0.39亿人次、门诊就诊5.43亿人次；平均全年人均门诊就诊1.57次，住院率10.40%，次均住院9.6日。而在医疗费用方面，2015年的城镇居民医疗保险参保人员医疗费用共3191亿元（其中，普通门急诊、门诊大病和住院的医疗费用分别为391.2亿元、132.1亿元、2667.9亿元）较上年增长42.3%，平均次均住院费用6821元。

参保人员医疗费用报销方面，2015年的城镇居民医疗保险政策范围内住院费用基金支付比例（参加城镇居民医疗保险的人员在定点医疗机构住院发生城镇居民医疗保险支付范围内的医疗费用中由城镇居民医疗保险基金支付的比例，含居民大病保险）为64.6%，较上年下降0.9个百分点。

表3.8　　　　2015年城镇居民医疗保险基金收支运行情况　　　单位：亿元

年初累计结余		**1196**
总收入		**2109**
	其中：个人缴费	476
	财政补助（含财政补贴）	1585
	其他收入	48
总支出		**1781**
	基金支出	1781
调整项		21.7
年末累计结余		**1545.7**

如表3.8所示，各级财政补助（含财政补贴）构成了城镇居民医疗保险基金的主要收入来源，相当于总收入的75.15%。具体来看，财政补助收入来自中央、省级、市级及市以下的财政补助分别为504亿元、521亿元、536亿元，其余财政补贴金额约23.9亿元。平均到个人层面，2015年人均政府补助标准为380元/人，人均实际财政补助403元/人，人均个人缴费112元/人，共计人均筹资515元/人。其中，成年人人均筹资水平高于其他人员，成年人、中小学生儿童和大学生人均筹资水平分别为562元、454元、400元，相应的人均财政补助占人均筹资的比例分别为76.2%、81.7%和85.7%，与上年（75.3%、83.2%、85.1%）基本没有较大变化。

2015年，城镇居民医疗保险基金共支出1781亿元，较上年增长23.9%。年末，各地基金总和累计结余达1545.7亿元，较上年增长29.3%，可支付10.4个月，低于城镇职工医疗保险统筹基金累计结存可支付月数。

城镇居民医疗保险的筹资方式具有明显的缴费水平偏低、以财政补贴为主要收入来源的特点。长期来看，基金运行对财政支出具有较高的依赖度，难以维持基数较大、增速较快的医疗费用支出。

3.3　2015年社会保险重要文件目录

3.3.1　中共中央文件

《中共中央办公厅、国务院办公厅关于深入推进农村社区建设试点工作的指导意见》（中办发〔2015〕30号）

3.3.2　国务院文件

《国务院关于机关事业单位工作人员养老保险制度改革的决定》（国发〔2015〕2号）

《国务院关于改革药品医疗器械审评审批制度的意见》（国发〔2015〕44号）

《国务院关于印发基本养老保险基金投资管理办法的通知》（国发〔2015〕48号）

《国务院关于全面建立困难残疾人生活补贴和重度残疾人护理补贴制度的意见》（国发〔2015〕52号）

《国务院办公厅关于印发全国医疗卫生服务体系规划纲要（2015—2020年）》（国办发〔2015〕14号）

《国务院办公厅关于印发机关事业单位职业年金办法的通知》（国办发

〔2015〕18号）

《国务院办公厅转发民政部等部门关于进一步完善医疗救助制度全面开展重特大疾病医疗救助工作意见的通知》（国办发〔2015〕30号）

《国务院办公厅关于全面推开县级公立医院综合改革的实施意见》（国办发〔2015〕33号）

《国务院办公厅关于印发深化医药卫生体制改革2014年工作总结和2015年重点工作任务的通知》（国办发〔2015〕34号）

《国务院办公厅关于城市公立医院综合改革试点的指导意见》（国办发〔2015〕38号）

《国务院办公厅印发关于促进社会办医加快发展若干政策措施的通知》（国办发〔2015〕45号）

《国务院办公厅关于全面实施城乡居民大病保险的意见》（国办发〔2015〕57号）

《国务院办公厅关于推进分级诊疗制度建设的指导意见》（国办发〔2015〕70号）

《国务院办公厅关于简化优化公共服务流程方便基层群众办事创业的通知》（国办发〔2015〕86号）

3.3.3 国务院有关部门文件

《人力资源和社会保障部、财政部关于提高全国城乡居民基本养老保险基础养老金最低标准的通知》（人社部发〔2015〕5号）

《人力资源和社会保障部、财政部关于做好2015年城镇居民基本医疗保险工作的通知》（人社部发〔2015〕11号）

《人力资源和社会保障部、公安部关于加强社会保险欺诈案件查处和移送工作的通知》（人社部发〔2015〕14号）

《人力资源和社会保障部、财政部关于调整失业保险费率有关问题的通知》（人社部发〔2015〕24号）

《人力资源和社会保障部关于印发〈机关事业单位工作人员基本养老保险经办规程〉的通知》(人社部发〔2015〕32号)

《人力资源和社会保障部关于机关事业单位工作人员养老保险信息系统建设的指导意见》(人社部发〔2015〕52号)

《人力资源和社会保障部关于推进社会保险标准贯彻实施工作的意见》(人社部发〔2015〕63号)

《人力资源和社会保障部、财政部关于适当降低生育保险费率的通知》(人社部发〔2015〕70号)

《人力资源和社会保障部、财政部关于调整工伤保险费率政策的通知》(人社部发〔2015〕71号)

《人力资源和社会保障部、财政部关于做好工伤保险费率调整工作进一步加强基金管理的指导意见》(人社部发〔2015〕72号)

《人力资源和社会保障部等四部门联合印发关于〈关于做好进城落户农民参加基本医疗保险和关系转移接续工作的办法〉的通知》(人社部发〔2015〕80号)

《人力资源和社会保障部、财政部关于为抗日战争及以前参加革命工作的退休老工人发放一次性慰问金的通知》(人社部发〔2015〕81号)

《人力资源和社会保障部关于完善基本医疗保险定点医药机构协议管理的指导意见》(人社部发〔2015〕98号)

《人力资源和社会保障部、财政部关于印发在京中央国家机关事业单位工作人员养老保险制度改革实施办法的通知》(人社部发〔2015〕112号)

《人力资源和社会保障部等五部门关于军人退役基本养老保险关系转移接续有关问题的通知》(后财〔2015〕1726号)

《人力资源和社会保障部等五部门关于军人职业年金转移接续有关问题的通知》(后财〔2015〕1727号)

《国家发展改革委等八部门关于印发推进药品价格改革意见的通知》

（发改价格〔2015〕904号）

《军队无军籍退休退职职工服务管理办法》（民政部令第57号）

《民政部等十部门关于鼓励民间资本参与养老服务业发展的实施意见》（民发〔2015〕33号）

《民政部、财政部关于调整部分优抚对象等人员抚恤金和生活补助标准的通知》（民发〔2015〕179号）

《职业健康检查管理办法》（国家卫生和计划生育委员会令第5号）

《国家卫生计生委等五部门关于印发控制公立医院医疗费用不合理增长的若干意见的通知》（国卫体改发〔2015〕89号）

《国家卫生计生委等四部门关于印发〈职业病危害因素分类目录〉的通知》（国卫疾控发〔2015〕92号）

《国家卫生计生委等十部门联合印发关于加强农民工尘肺病防治工作的意见的通知》（国卫疾控发〔2016〕2号）

《煤矿作业场所职业病危害防治规定》（国家安全生产监督管理总局令第73号）

《人力资源和社会保障部办公厅关于开展建筑业"同舟计划"——建筑业工伤保险专项扩面行动计划的通知》（人社厅发〔2015〕43号）

《人力资源和社会保障部办公厅关于全面推进基本医疗保险医疗服务智能监控的通知》（人社厅发〔2015〕56号）

《人力资源和社会保障部办公厅关于开展全民参保登记信息系统建设的通知》（人社厅发〔2015〕86号）

《人力资源和社会保障部办公厅、财政部办公厅关于为抗日战争及以前参加革命工作的退休老工人发放一次性慰问金有关问题的通知》（人社厅发〔2015〕164号）

《人力资源和社会保障部办公厅关于设立公布第一批区域性工伤康复示范平台名单有关问题的通知》（人社厅发〔2015〕178号）

《人力资源和社会保障部办公厅关于对国家基本医疗保险、工伤保险

和生育保险药品目录中部分药品进行调整规范的通知》（人社厅函〔2015〕92号）

《人力资源和社会保障部办公厅、总后勤部财务部关于军人退役参加机关事业单位养老保险有关问题的通知》（人社厅函〔2015〕369号）

《国家安全监管总局办公厅关于印发用人单位职业病危害因素定期检测管理规范的通知》（安监总厅安健〔2015〕16号）

4 社保基金精算评估

本章主要是对社会保险基金未来财务运行情况的精算评估，包括基本养老保险基金和基本医疗保险基金的收入、支出和累计结存（或者未备基金负债）等部分。具体内容包括：（1）短期评估（10年），基本养老保险基金和基本医疗保险基金的收支差额；（2）长期评估（75年），保险基金各年收支、累计收支现值相对于参保人员应税工资总额（或GDP）的比率。

本章首先对短期（2016—2025年）内的保险基金资本充足性进行分析评估，之后分析保险基金的长期（2016—2090年）精算平衡能力。本章的短期、长期评估都是建立在一系列的人口结构、经济环境、保险基金参数假设基础上的（详见第5章），并充分考虑到各项参数假设的不确定性，在基准情形、低成本情形和高成本情形三种情况下，分别进行分析评估。其中，基准情形反映了本报告对未来基金运行情况的最佳预期；低成本情形和高成本情形分别反映了本报告对未来基金运行情况的最乐观和最悲观预期。

4.1 社会保险基金短期精算评估

短期来看，社会保险基金偿付能力充足的条件是：基金能够确保按时全额支付参保人员的既定福利。本报告设定"基金偿付率"指标（不包括预缴收入在内的基金年初累计结余/当年基金总支出）作为基金短期偿付

4 社保基金精算评估

能力的度量,表示年初的实际可用基金累计结余相对于当年预计基金支出的比率。假设当"基金偿付率"为100%时,社会保险基金具备充足合理的累计结余。这是由于社会保险基金本身不具备借入资金的权利,一旦基金累计结余耗尽,如果当年基金收入小于基金支出,基金可能无法按时全额支付参保人员的既定福利。

下面,分别针对基本养老保险基金、基本医疗保险基金和社会保险基金(以两类保险的"联合基金"作为替代),基于基准情形的假设,测算2016—2025年期间各年年初的"基金偿付率",进而评估其短期偿付能力。需要注意的是,本报告为分析社会保险基金的独立运行能力,测算的基金收入仅包含征缴收入,未将每年的财政补贴纳入考虑。

4.1.1 基本养老保险基金

基于第5章的相关参数假设(假设已出台的基本养老保险制度改革能够按预期平稳进行,未来10年内不会出现新的制度改革变化),测算得到2016—2025年期间各年基本养老保险基金收支情况,如表4.1所示。

可以看到,在基准情形假设下,2016—2025年期间,基本养老保险基金的累计结余始终处于增长状态。且年增幅在2016—2022年期间,始终保持增长;当年基金净结余从2023年开始下降。而在这10年里,基金偿付率总体呈下降趋势,从1.39下降至1.24。需要注意的是,在2020—2023年之间出现小幅回升;此外,相对于2015年而言,2016年的基金偿付率出现较大提升。这与基本养老保险基金制度的改革(机关事业单位养老保险制度改革自2014年底开始正式全面推行、城乡居民养老保险参保率不断提高等)有着密切关系。

而在低成本情形和高成本情形中,基金收支情况没有显著变化。未来十年期间,两种情形下的当年基金净结余总体呈下降趋势,但基本始终保持收大于支的状态(高成本情形下,2025年当年基金净结余首度跌破零点)。

中国社会保险基金精算研究报告（2016）

表 4.1 2015—2025 年期间各年基本养老保险基金运行情况

单位：亿元，%

年份	缴费收入			支出			当年净结余	年末基金累计结余	基金偿付率
	城镇职工	城乡居民	合计	城镇职工	城乡居民	合计			
2015	23527.77	711.77	24239.54	25240.34	2086.22	27326.56	-3087.01	39937.00	130.44
基准情形									
2016	29381.81	753.73	30135.53	26350.28	2359.61	28709.89	1425.64	41362.64	139.11
2017	32838.69	805.02	33643.71	28886.18	2637.64	31523.82	2119.89	43482.53	131.21
2018	36556.77	864.17	37420.93	31755.70	2946.98	34702.67	2718.26	46200.79	125.30
2019	40685.32	936.08	41621.40	34621.27	3229.69	37850.96	3770.45	49971.24	122.06
2020	45211.87	1017.47	46229.34	37267.65	3544.42	40812.08	5417.27	55388.50	122.44
2021	49232.35	1118.86	50351.21	39883.13	3868.84	43751.97	6599.24	61987.74	126.60
2022	53293.30	1213.59	54506.89	43403.39	4296.17	47699.56	6807.33	68795.07	129.95
2023	57296.20	1306.99	58603.19	48004.09	4885.80	52889.89	5713.30	74508.37	130.07
2024	61598.75	1412.40	63011.15	52560.95	5487.81	58048.77	4962.39	79470.76	128.35
2025	66067.75	1526.48	67594.22	57973.41	6377.02	64350.43	3243.80	82714.56	123.50

续表

年份	缴费收入			支出			当年净结余	年末基金累计结余	基金偿付率
	城镇职工	城乡居民	合计	城镇职工	城乡居民	合计			
低成本情形									
2016	29409.69	754.44	30164.13	26377.29	2359.70	28736.99	1427.15	41364.15	138.97
2017	32869.78	805.35	33675.13	28941.59	2588.38	31529.97	2145.16	43509.31	131.19
2018	36594.39	864.15	37458.54	31840.73	2843.29	34684.02	2774.52	46283.83	125.44
2019	40733.04	935.69	41668.73	34738.15	3066.45	37804.60	3864.13	50147.96	122.43
2020	45270.30	1016.63	46286.94	37413.06	3315.21	40728.27	5558.67	55706.63	123.13
2021	49306.32	1117.65	50423.97	40061.71	3569.66	43631.38	6792.60	62499.23	127.68
2022	53387.47	1212.18	54599.65	43606.53	3915.93	47522.46	7077.19	69576.41	131.52
2023	57416.78	1305.63	58722.40	48220.25	4410.97	52631.22	6091.18	75667.59	132.20
2024	61748.35	1411.07	63159.42	52791.27	4907.82	57699.09	5460.33	81127.92	131.14
2025	66250.46	1525.30	67775.76	58220.36	5667.94	63888.30	3887.45	85015.38	126.98

中国社会保险基金精算研究报告（2016）

续表

年份	缴费收入			支出			当年净结余	年末基金累计结余	基金偿付率
	城镇职工	城乡居民	合计	城镇职工	城乡居民	合计			
高成本情形									
2016	29201.57	753.03	29954.60	26235.85	2359.53	28685.06	1269.54	41206.54	139.23
2017	32456.17	804.00	33260.16	28669.83	2657.16	31490.30	1769.86	42976.40	130.85
2018	35938.23	862.74	36800.97	31419.63	2989.21	34660.17	2140.80	45117.21	123.99
2019	39792.42	934.18	40726.61	34149.41	3297.75	37799.00	2927.61	48044.82	119.36
2020	44003.21	1015.00	45018.21	36639.48	3641.83	40752.34	4265.87	52310.68	117.89
2021	47673.52	1115.65	48789.17	39080.12	3997.97	43683.26	5105.91	57416.59	119.75
2022	51347.83	1209.49	52557.32	42388.72	4462.21	47624.64	4932.69	62349.28	120.56
2023	54930.82	1301.79	56232.61	46725.21	5094.75	52811.34	3421.28	65770.55	118.06
2024	58768.15	1405.95	60174.10	50984.52	5744.51	57965.84	2208.25	67978.81	113.46
2025	62729.77	1518.53	64248.29	56048.28	6689.12	64257.41	-9.12	67969.69	105.79

注：（1）城镇职工养老保险缴费收入包括用人单位和个人共同完成的统筹账户缴费和个人账户缴费两个部分。

（2）城乡居民养老保险缴费收入仅包括参保人员的个人缴费，未将每年政府补贴纳入其中。

（3）基金偿付率＝上年年末的基金累计结余/预计当年基金支出。

4 社保基金精算评估

具体来看"基金偿付率",如图 4.1 所示。2019—2023 年期间,三种情形下的基金偿付率均有小幅增长,但从整体来看,三种情形下的基金偿付率均呈现出下降趋势,但始终显著大于 100%。说明在未来的十年里,无论人口、经济环境变化趋势如何,基本养老保险基金都将具备充足的基金偿付能力。

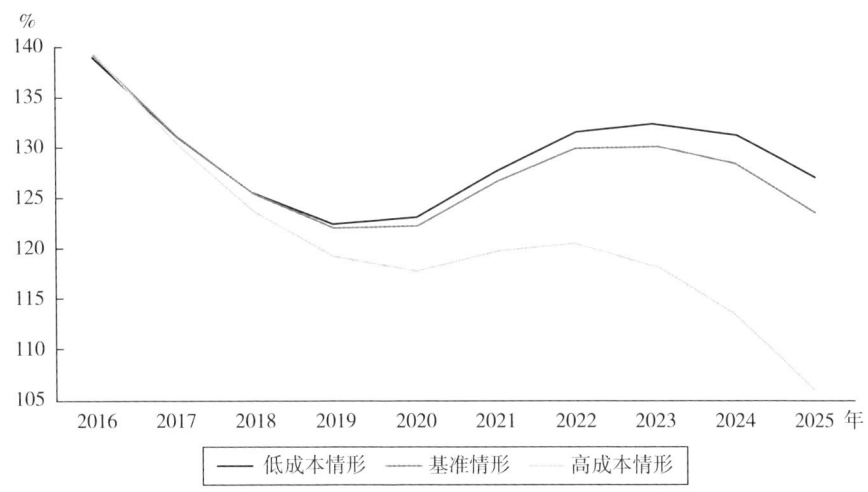

图 4.1　2016—2025 年期间三种情形下的基金偿付率变化趋势

从三种情形下的基金偿付率比较来看,除 2016 年和 2017 年两个年度之外,在 2018—2025 年期间,低成本情形的基金偿付率始终高于基准情形下的基金偿付率,高成本情形的基金偿付率则始终略低于基准情形下的基金偿付率,并且各情形下的基金偿付率差异逐渐拉大。到 2025 年,高成本情形下的基金偿付率降至 105.79%,率先逼近 100% 临界点。

基准情形下的基本养老保险基金收支情况:

由表 4.1 可以看到,在基准情形下,短期内,各年的基本养老保险基金缴费收入逐年递增,并且两类参保人员的缴费收入均是逐年增长的。城镇职工养老保险缴费收入从 2.94 万亿元增至 6.61 万亿元,城乡居民养老保险缴费收入从 753.73 亿元增至 1526.48 亿元，分别累计增长 180.81%、114.46%（相对于 2015 年）。

具体来看，可以将缴费收入的逐年递增归结为以下三个因素：第一，各类养老保险参保缴费年龄段人口的稳步增长。由表 4.2 可知，2016—2025 年期间，城镇职工养老保险和城乡居民养老保险的参保缴费年龄段人口均是逐年递增，其中，城镇职工养老保险参保缴费年龄段人口从 2.91 亿人增至 3.14 亿人，城乡居民养老保险参保缴费年龄段人口从 3.51 亿人增至 3.72 亿人，两类养老保险参保缴费年龄段人口分别累计增长 19.17%、5.91%（相对于 2015 年）。第二，各类养老保险覆盖人口的平均收入水平逐年增长（名义 GDP 水平的增长）。第三，伴随平均收入水平增长而发生的缴费基数增长。

表 4.2　　2015—2025 年期间各年基本养老保险参保人员　　单位：万人

年份	参保缴费年龄段人口			参保退休年龄段人口		
	城镇职工	城乡居民	合计	城镇职工	城乡居民	合计
2015	26348.83	35156.88	61505.71	10011.44	15360.92	25372.36
基准情形						
2016	29113.86	35107.25	64221.11	9856.931	16792.79	26649.72
2017	29840.23	34924.16	64764.39	10024.28	17518	27542.28
2018	30459.08	34886.61	65345.69	10216.14	18306.44	28522.59
2019	31120.52	35129.88	66250.4	10366.23	18805.06	29171.29
2020	31785.28	35475.98	67261.25	10539.51	19385.27	29924.78
2021	31874.56	36272.7	68147.26	10697.73	19916.17	30613.9
2022	31855.99	36595.6	68451.59	10953.69	20806.91	31760.61
2023	31668.28	36699.78	68368.07	11276.61	22220.54	33497.15
2024	31543.96	36946.85	68490.82	11547.72	23442.34	34990.06
2025	31399.76	37235.76	68635.52	11806.59	24776.39	36582.97

基金支出方面，表4.1中的基金支出包括所有城镇职工养老保险和城乡居民养老保险参保退休年龄段人口的养老金福利支出。2016—2025年期间，城镇职工养老保险基金支出和城乡居民养老保险基金支出均保持上升趋势，分别累计增长129.69%、205.67%（相对于2015年），城乡居民养老保险基金支出增速显著。同样地，基金支出的增长与各类养老保险参保退休年龄段人口的增长、福利支出水平的提升密切相关。2016—2025年期间，城镇职工养老保险参保退休年龄段人口从0.99亿人增至1.18亿人，城乡居民养老保险参保退休年龄段人口从1.68亿人增至2.48亿人；分别累计增长17.93%和61.29%（相对于2015年）。

4.1.2 基本医疗保险基金

基于第5章的相关参数假设（假设基本医疗保险制度未来10年内能够继续平稳运行，不会出现大幅度的制度变革），测算得到2016—2025年期间各年基本医疗保险基金财务运行情况和基金偿付率数据，如表4.3所示，对应各年基本医疗保险参保人员情况详见表4.4；三种情形下的基金偿付率比较如图4.2所示。

在基准情形下，2016—2020年的基本医疗保险基金的基金偿付率始终低于100%，基本医疗保险基金不具备短期基金偿付能力充足性；而基金累计结余自2020年耗尽，2021年开始，基金偿付率为负值，说明在没有财政补贴支持的情况下，基金本身将无法持续运行。

对于其他两种情形而言，基金偿付率变化趋势与基准情形下一致，整体保持下降趋势，低成本和高成本情形的基金偿付率分别从2021年和2020年开始降为负值。三类情形比较来看，低成本情形下的基金偿付率最高，基准情形次之，高成本情形下的基金偿付率最低（除2016年）。

基准情形下的基本医疗保险基金具体收支情况：

三类医疗保险基金的缴费收入均逐年增长，同基本养老保险基金的各年缴费增长相似，也可以将基本医疗保险基金的缴费收入增长归结为参保

中国社会保险基金精算研究报告（2016）

表 4.3　2015—2025年期间各年基本医疗保险基金运行情况

单位：亿元，%

年份	缴费收入				支出				当年净结余	年末基金累计结余	基金偿付率
	城镇职工	城镇居民	新农合	合计	城镇职工	城镇居民	新农合	合计			
2015	8727.5	476.0	988.4	10192.0	7531.3	1781.0	3039.8	12352.2	−2160.2	12542.8	
基准情形											
2016	9663.5	532.2	1066.3	11262.1	8423.0	2098.0	3248.8	13769.8	−2507.7	10035.1	91.09
2017	10661.2	595.7	1149.8	12406.7	9407.0	2344.6	3489.0	15240.5	−2833.8	7201.3	65.85
2018	11712.6	665.5	1237.2	13615.3	10539.4	2615.8	3744.7	16900.0	−3284.7	3916.6	42.61
2019	12835.2	742.3	1328.5	14906.0	11799.3	2905.0	3999.8	18704.0	−3798.0	118.7	20.94
2020	14091.3	824.0	1426.1	16341.4	13162.1	3208.0	4273.3	20643.4	−4302.0	−4183.3	0.57
2021	15344.1	907.2	1535.3	17786.7	14601.6	3510.7	4572.3	22684.7	−4898.0	−9081.3	—
2022	16704.8	995.9	1649.8	19350.5	16145.1	3822.1	4878.6	24845.8	−5495.3	−14576.6	—
2023	18070.3	1092.2	1767.3	20929.7	17840.2	4159.6	5203.5	27203.3	−6273.6	−20850.2	—
2024	19410.5	1193.5	1887.1	22491.1	19672.0	4502.9	5511.9	29686.7	−7195.6	−28045.8	—
2025	20854.4	1300.7	2011.5	24166.6	21649.0	4871.1	5838.3	32358.4	−8191.7	−36237.5	—

4 社保基金精算评估

续表

年份	缴费收入				支出				当年净结余	年末基金累计结余	基金偿付率
	城镇职工	城镇居民	新农合	合计	城镇职工	城镇居民	新农合	合计			
低成本情形											
2016	9672.7	532.7	1067.3	11272.7	8430.2	2099.7	3251.4	13781.3	-2508.5	10034.3	91.01
2017	10671.0	595.6	1146.9	12413.5	9339.7	2336.9	3464.9	15141.6	-2728.0	7306.2	66.27
2018	11724.0	665.0	1230.2	13619.1	10390.5	2598.2	3692.9	16681.6	-3062.4	4243.8	43.80
2019	12849.5	741.2	1317.1	14907.8	11560.4	2876.6	3919.0	18356.0	-3448.1	795.7	23.12
2020	14108.3	822.3	1410.0	16340.6	12823.4	3167.7	4162.0	20153.1	-3812.5	-3016.8	3.95
2021	15365.9	905.0	1514.4	17785.4	14158.0	3458.7	4430.7	22047.5	-4262.1	-7278.9	—
2022	16731.7	994.0	1624.2	19349.8	15585.6	3760.3	4705.7	24051.5	-4701.7	-11980.6	—
2023	18103.9	1090.5	1736.5	20931.0	17152.4	4086.9	4997.3	26236.6	-5305.6	-17286.2	—
2024	19453.3	1192.2	1850.9	22496.4	18843.7	4418.6	5270.7	28533.0	-6036.6	-23322.8	—
2025	20906.9	1299.9	1969.5	24176.3	20666.4	4774.0	5560.1	31000.5	-6824.2	-30147.0	—

中国社会保险基金精算研究报告（2016）

续表

年份	缴费收入				支出				当年净结余	年末基金累计结余	基金偿付率
	城镇职工	城镇居民	新农合	合计	城镇职工	城镇居民	新农合	合计			
高成本情形											
2016	9654.7	531.8	1065.3	11251.7	8416.0	2096.3	3246.3	13758.6	-2506.9	10035.9	91.16
2017	10645.5	594.5	1149.4	12389.4	9424.3	2342.7	3494.3	15261.3	-2871.9	7164.0	65.76
2018	11688.6	663.5	1237.4	13589.5	10584.6	2613.7	3758.7	16957.0	-3367.5	3796.5	42.25
2019	12801.3	739.3	1329.5	14870.1	11876.0	2902.4	4023.2	18801.6	-3931.6	-135.0	20.19
2020	14045.6	819.8	1427.8	16293.3	13274.2	3204.9	4307.2	20786.4	-4493.1	-4628.1	—
2021	15284.9	901.7	1537.7	17724.3	14751.6	3506.7	4616.4	22874.7	-5150.4	-9778.5	—
2022	16630.1	988.3	1652.6	19270.9	16337.2	3817.3	4934.0	25088.6	-5817.6	-15596.1	—
2023	17977.7	1082.2	1770.5	20830.4	18078.9	4154.1	5271.3	27504.3	-6673.9	-22270.0	—
2024	19297.5	1180.8	1890.9	22369.3	19961.5	4496.6	5592.7	30050.9	-7681.6	-29951.6	—
2025	20718.5	1285.2	2015.8	24019.5	21994.2	4864.0	5933.1	32791.2	-8771.8	-38723.5	—

注：（1）城镇职工医疗保险缴费收入包括用人单位和个人共同完成的统筹账户缴费和个人账户缴费两个部分。

（2）城镇居民医疗保险缴费收入和新型农村合作医疗保险缴费收入仅包括参保人员的个人缴费，未将每年政府补贴纳入其中。

（3）2015年的年末基金累计结余仅包括城镇职工医疗保险基金和城镇居民医疗保险基金的累计结余（新型农村合作医疗的年末基金累计结余尚无公开数据）。

（4）基金偿付率＝上年年末基金累计结余／预计当年基金支出。

（5）基本医疗保险基金独立运行的条件下，基准情形的基金存量将在2020年底全部耗尽，2021—2025年的基金偿付率将没有实际意义，因而本报告列示。

4 社保基金精算评估

表4.4　　2015—2025年期间各年基本医疗保险参保人员　　单位：万人

年份	参保就业年龄段人口				参保退休龄段人口			
	城镇职工	城镇居民	农村居民	合计	城镇职工	城镇居民	农村居民	合计
2015	21360	33588	61954	116902	7531	4102	10624	22257
2016	21617	34421	60958	116996	7869	4286	10958	23114
2017	21898	35376	60057	117332	8146	4436	11216	23798
2018	22071	36239	59011	117321	8569	4667	11514	24750
2019	22162	37035	58011	117209	9092	4952	11679	25722
2020	22408	37742	57243	117393	9492	5170	11635	26297
2021	22533	38179	56723	117435	9904	5394	11665	26963
2022	22694	38599	56318	117612	10252	5584	11560	27395
2023	22729	39005	55410	117143	10688	5821	11860	28369
2024	22624	39210	54161	115996	11344	6178	12399	29922
2025	22569	39425	53085	115080	11906	6485	12760	31151

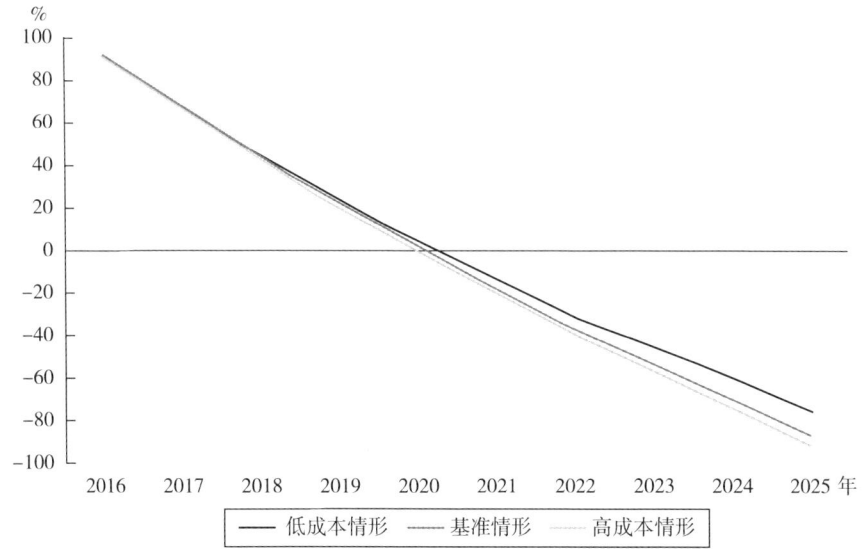

图4.2　2016—2025年期间三种情形下的基金偿付率变化趋势

缴费人口增多、以社会平均工资水平为基础的缴费基数增长两个方面。相对于2015年而言，三类医疗保险在2025年的缴费收入分别累计增长138.95%、173.24%、103.51%；城镇居民医疗保险和新型农村合作医疗的合并缴费收入累计增长126.18%，高于城乡居民养老保险的缴费累计增速（114.46%）；而城镇职工医疗保险缴费收入累计增长138.95%，低于城镇职工养老保险的缴费累计增速（180.81%）。缴费收入增速的差异主要是由于城镇机关事业单位职工养老保险改革起步较晚，而2009年以来的医疗保险制度改革重点集中在城乡居民层面等。

福利支出方面，相对于2015年而言，城镇职工医疗保险的支出累计增长187.45%，高于缴费收入累计增速（138.95%），城镇居民医疗保险和新型农村合作医疗的合并支出累计增长122.15%，略低于缴费收入累计增速（126.18%）；但职工和居民医疗保险的各年支出始终大于缴费收入。因此，从短期来看，各年基金净结余始终为负值。

从表4.3还可以看到，城镇居民医疗保险基金和新型农村合作医疗基金同样与城乡居民养老保险相似，存在个人缴费收入与福利支出严重不匹配的问题。这主要是由于居民医疗保险的个人缴费仅占基金总收入的小部分，当前的居民医疗保险基金运营主要依靠国家财政支持。而本报告所测算的缴费收入只包含个人缴费部分，因此基本医疗保险基金各年始终处于严重收不抵支的状态。

相对于基本养老保险而言，基本医疗保险发展较缓，尤其是城镇居民医疗保险和新型农村合作医疗，基本是在2009年《中共中央 国务院关于深化医疗卫生体制改革的意见》正式出台之后才开始加速推广的。基金的发展缓慢，导致累计结余较少，加上各年始终处于收不抵支的状态，致使年末基金累计结余逐年下降，在基准情形下，预计到2020年，基本医疗保险基金的年末基金累计结余便会耗尽（2019年末的基金累计结余低于2020年预计基金收支差额）。

4 社保基金精算评估

在基准情形下，关于基本养老保险和基本医疗保险短期内的运行情况汇总如图4.3所示。

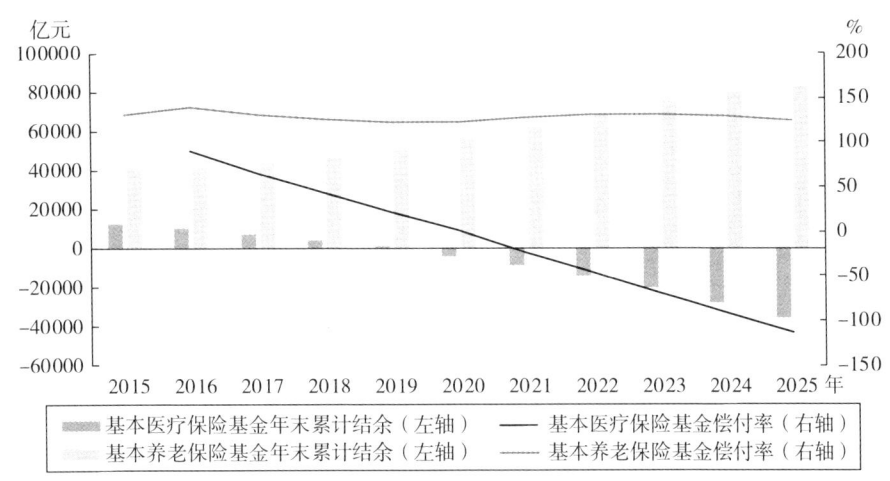

图 4.3　基本养老保险基金和基本医疗保险基金短期单独运行情况

4.1.3　基本养老保险基金和基本医疗保险基金的共同运行情况

在基准情形下，基本养老保险基金和基本医疗保险基金在短期内的共同运行情况如表4.5所示。总体来看，2015—2025年期间，各年的基本养老保险缴费收入占两类保险缴费收入总额的比重始终在70%以上，基本养老保险支出占两类保险总支出的比重也始终在65%以上。因此在基本养老保险基金高结余的支撑下，从基本养老保险基金和基本医疗保险基金合并来看，未来10年内，基金累计结余始终足以支付各年基金总支出（各年的年末基金累计结余均大于零）。

但从基金偿付率的角度来看，从2018年开始基金偿付率小于100%，这说明从2018年开始，上年的年末基金累计结余不足以独立应付当年的基金支出，一旦经济环境恶化，当年缴费收入无法如期足额实现，基金可能出现无法应付既定福利支出的情况，即不具备短期基金偿付能力充足性。

表 4.5　基本养老保险基金和基本医疗保险基金共同运行情况

单位：亿元，%

年份	缴费			支出			当年净结余	年末基金累计结余	基金偿付率
	城镇职工	城乡居民	合计	城镇职工	城乡居民	合计			
2015	32255.3	2176.2	34431.5	32771.7	6907.1	39678.7	-5247.2	52479.8	
基准情形									
2016	39045.3	2352.2	41397.6	34773.3	7706.4	42479.6	-1082.1	51397.7	123.54
2017	43499.9	2550.5	46050.4	38293.1	8471.2	46764.3	-713.9	50683.8	109.91
2018	48269.3	2766.9	51036.2	42295.1	9307.5	51602.7	-566.4	50117.4	98.22
2019	53520.5	3007.0	56527.4	46420.6	10134.4	56555.0	-27.5	50089.9	88.62
2020	59303.1	3267.6	62570.8	50429.7	11025.7	61455.5	1115.3	51205.2	81.51
2021	64576.4	3561.4	68137.9	54484.8	11951.9	66436.6	1701.2	52906.5	77.07
2022	69998.1	3859.3	73857.4	59548.5	12996.9	72545.4	1312.0	54218.5	72.93
2023	75366.5	4166.4	79532.9	65844.3	14248.9	80093.2	-560.3	53658.2	67.69
2024	81009.3	4493.0	85502.3	72232.9	15502.6	87735.5	-2233.2	51425.0	61.16
2025	86922.1	4838.7	91760.9	79622.4	17086.4	96708.8	-4947.9	46477.1	53.18

注：（1）2015年的年末基金累计结余未将新型农村合作医疗的年末基金累计结余包括在内（新型农村合作医疗的年末基金累计结余尚无公开数据）。

（2）基金偿付率＝上年年末的基金累计结余/预计当年基金支出。

4.2 社会保险基金长期精算评估

本报告关于社会保险基金长期运行情况的评估将从以下三个方面展开：（1）各年基金收支现金流评估（包括收入比率、支出比率和缺口率）；（2）长期基金偿付率；（3）长期收支平衡情况（包括收入累计现值比率、支出累计现值比率和累计缺口率）。

各年保险基金的收入比率和支出比率分别为收、支现金流相对于参保人员应税工资总额的比率，收、支比率的差额即为当年的基金缺口率。本报告通过2016—2090年期间的各年基金缺口率水平及其变化趋势，来分析保险基金长期资本充足性。

基金偿付率是保险基金年初累计结余相对于当年福利支出总额的比率。本报告将基金偿付率作为长期精算评估中的关键指标，主要包括：分析2016—2090年期间的基金偿付率变化；保险基金累计结余耗尽年份及累计结余耗尽当年的保险基金缴费收入相对于福利支出的比率；考察期末的基金偿付率稳定性。保险基金偿付能力充足，是指基金能够在任意年份按时足额的支付既定福利，一般要求基金偿付率始终大于零。

通过累计收支现值对基金资本充足性的评估是建立在整个考察期的基础上的，表示以整段考察期作为一个整体，分析保险基金的资本充足性，主要通过整段期间的收支累计现值缺口率和未备准备金负债两方面，反映基金在整段考察期内的收支平衡情况。

4.2.1 社会保险基金收支现金流评估

4.2.1.1 两类保险基金分别独立运行

本报告关于社会保险基金收支现金流的评估，主要是分别对基本养老保险基金和基本医疗保险基金的收入比率、支出比率和缺口率进行测算分析。收入比率是指各年的保险基金总缴费收入相对于参保人员应税工资总额的比率;支出比率是指各年的保险基金福利支出总额相对于参保人员应税工资总额的比率。其中,各类保险所对应的参保人员应税工资总额分别为,按照基本养老保险制度和基本医疗保险制度参保的全部参保人员的应税工资总额(居民工资以居民人均总收入替代)。每年的支出比率与收入比率的差值即为缺口率,当缺口率小于零时,收不抵支,形成收支缺口;缺口率表示各年的保险基金收支缺口相对于参保人员应税工资总额的比重。

2010—2090年期间,在基准情形下,基本养老保险基金、基本医疗保险基金各自独立运行所对应的各年收支比率和缺口率,如表4.6、图4.4、图4.5所示。

表4.6　　　　　　各年保险基金收支现金流情况　　　　　　单位:%

年份	养老保险			医疗保险		
	收入/应税工资总额	支出/应税工资总额	缺口率	收入/应税工资总额	支出/应税工资总额	缺口率
2010	17.44	16.60	-0.84	3.51	3.69	0.18
2011	15.94	14.71	-1.23	3.44	3.78	0.34
2012	14.38	13.98	-0.39	3.48	4.08	0.60
2013	17.21	17.52	0.31	7.15	8.73	1.58
2014	16.70	18.28	1.58	7.93	9.73	1.80
2015	17.15	19.33	2.18	8.19	9.93	1.74
基准情形						
2016	17.48	16.66	-0.83	8.20	10.03	1.83
2017	17.44	16.34	-1.10	8.19	10.06	1.87
2018	17.39	16.13	-1.26	8.18	10.16	1.97
2019	17.36	15.78	-1.57	8.18	10.26	2.08
2020	17.32	15.29	-2.03	8.16	10.31	2.15

4 社保基金精算评估

续表

年份	养老保险			医疗保险		
	收入/应税工资总额	支出/应税工资总额	缺口率	收入/应税工资总额	支出/应税工资总额	缺口率
2025	17.34	16.51	−0.83	8.16	10.92	2.77
2030	17.30	19.49	2.19	8.16	11.92	3.77
2035	17.30	20.84	3.55	8.16	13.04	4.88
2050	17.20	30.79	13.59	8.12	15.15	7.03
2060	17.19	33.32	16.13	8.14	15.86	7.71
2070	17.20	33.38	16.18	8.13	15.05	6.92
2080	17.17	35.46	18.29	8.18	15.33	7.14
2090	17.16	35.71	18.55	8.23	15.84	7.61
低成本情形						
2016	17.48	16.66	−0.83	7.44	9.09	1.65
2017	17.44	16.32	−1.11	7.45	9.09	1.64
2018	17.39	16.10	−1.29	7.46	9.14	1.68
2019	17.36	15.75	−1.61	7.44	9.16	1.72
2020	17.32	15.24	−2.08	7.49	9.23	1.75
2025	17.34	16.35	−0.99	7.59	9.74	2.14
2030	17.30	19.18	1.88	7.64	10.54	2.91
2035	17.30	20.40	3.11	7.62	11.37	3.75
2050	17.20	29.52	12.32	7.71	12.89	5.18
2060	17.19	31.05	13.86	7.65	12.84	5.19
2070	17.19	29.77	12.58	7.63	11.70	4.07
2080	17.16	30.10	12.94	7.70	11.61	3.91
2090	17.15	29.42	12.27	8.01	12.26	4.26

续表

年份	养老保险			医疗保险		
	收入/应税工资总额	支出/应税工资总额	缺口率	收入/应税工资总额	支出/应税工资总额	缺口率
高成本情形						
2016	17.39	16.66	−0.74	7.44	9.10	1.66
2017	17.26	16.34	−0.92	7.46	9.19	1.73
2018	17.14	16.14	−1.00	7.47	9.33	1.85
2019	17.03	15.81	−1.22	7.45	9.42	1.97
2020	16.93	15.32	−1.60	7.50	9.57	2.07
2025	16.59	16.59	0.00	7.61	10.38	2.78
2030	16.24	19.65	3.41	7.66	11.50	3.84
2035	15.96	21.08	5.11	7.65	12.64	4.99
2050	15.23	31.78	16.55	7.75	15.42	7.66
2060	14.93	35.44	20.52	7.71	16.55	8.83
2070	14.72	37.31	22.59	7.73	16.44	8.71
2080	14.53	41.89	27.36	7.85	17.61	9.76
2090	14.40	43.81	29.41	8.20	19.39	11.19

在基准情形的假设下，基本养老保险基金的收入比率在长期内仅小幅下降、基本没有显著变化，预计2016—2090年期间从17.48%降至17.16%，说明实际缴费收入相对于参保人员的应税工资总额并没有显著变化。这主要是由于以下三个方面的共同作用：城乡居民养老保险参保人员缴费标准的提高；机关事业单位养老保险制度改革，参保人员缴费增加；以及城镇职工参保人员的实际缴费比率下滑。缴费水平的提高与实际缴费比率的下降形成相反作用，导致基本养老保险基金缴费收入相对于参保人员应税工资总额的比率在长期内平缓下滑。

4 社保基金精算评估

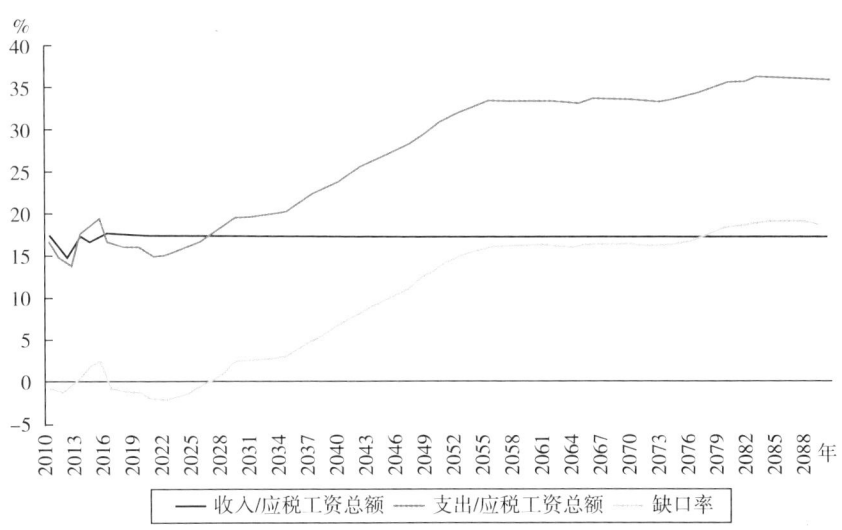

图 4.4 基本养老保险基金收、支比率及缺口率

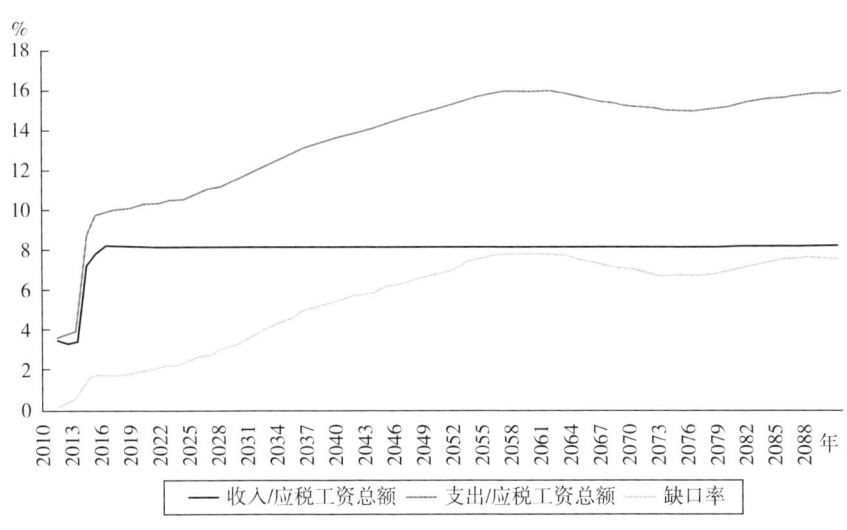

图 4.5 基本医疗保险基金收、支比率及缺口率

中国社会保险基金精算研究报告（2016）

在基准情形下，基本养老保险基金的支出比率在长期内呈显著上升趋势，预计 2016—2090 年期间从 16.66% 增至 35.71%。其中，2010—2020 年期间，支出比率基本在 17% 附近波动，并未发生显著变化；从 2020 年开始一直到 2050 年，支出比率成倍的高速增长，从 15.29% 增至 30.79%；而 2050—2090 年期间基本缓慢增长。2010—2015 年期间的支出比率波动主要是因为这段时期内的城乡居民养老保险和机关事业单位职工养老保险经历多次试点改革以及大规模推广覆盖。而 2020—2054 年期间的支出比率大幅上涨主要是受到人口老龄化的影响。

基本养老保险基金的缺口率是评价基金能否在长期实现收支平衡的关键因素。在基准情形下，基本养老保险基金的缺口率在 2027 年之前始终为负值（2013 年、2014 年、2015 年除外）；而从 2027 年开始，缺口率变为正值，且逐年增大，到 2090 年达到 18.55%。说明在独立运行的条件下，基本养老保险基金从 2027 年开始出现收不抵支的现象，并且缺口率的增速在 2020—2056 年之间最为显著，与支出比率的变化趋势基本一致，进一步体现出人口老龄化对基本养老保险基金的收支平衡的显著影响。

在基准情形下，基本医疗保险基金的收入比率在经历了 2012—2014 年的大幅增长之后，从 2015 年开始基本稳定在 8.1%~8.2% 之间，没有显著变化。说明基本医疗保险制度改革后，城镇居民医疗保险和新型农村合作医疗快速大范围推广，从 2015 年开始，参保情况基本稳定，之后缴费收入相对于参保人员应税工资总额的比重也因而基本稳定。而基本医疗保险基金的支出比率除了在 2012—2014 年期间的大幅增长外，在 2015—2056 年期间也呈现出匀速增长的趋势（从 9.73% 增至 15.93%）；对于支出比率的两段显著增长而言，我们认为第一段的增长主要是由于参保范围的扩大带来支出水平的提高，而第二段的匀速增长则是因为伴随着基本医疗保险制度的完善，参保人员住院、就诊费用报销比例的不断提高。2057—2090 年期间支出比率基本稳定在 15.5% 附近。

不同于基本养老保险基金，我国当前的基本医疗保险基金的收入主要

4 社保基金精算评估

依赖财政补贴,而个人缴费仅占基金总收入的小部分。因此在整段考察期内,基本医疗保险基金始终处于收不抵支的状态,并且出现较大的缺口。如图4.5所示,基本医疗保险基金的缺口率在2010—2056年期间稳步增长,到2056年达到峰值7.82%,之后仅出现小幅波动。

在低成本情形和高成本情形下,考虑基本养老保险基金和基本医疗保险基金缺口率的变化趋势,如图4.6、图4.7所示。在考察期内,两类保险基金的各年缺口率均表现为:高成本情形最高,基准情形次之,低成本情形缺口率最低。

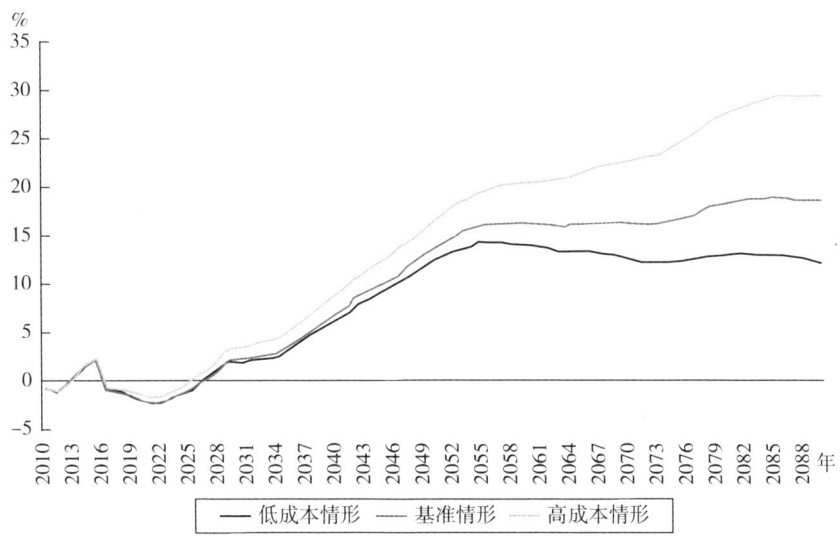

图4.6 三种情形下的基本养老保险基金缺口率比较

具体到各类保险基金。对于基本养老保险基金而言,三种情形下的基金缺口率分别从2027年、2027年和2025年开始出现,分别匀速增至2055年。之后低成本情形的缺口率开始从峰值14.23%缓慢下降,至2090年降至12.27%;基准情形的缺口率在2056—2065年期间基本稳定在16%附近,之后再缓慢增长,至2090年达到18.55%;高成本情形的缺口率则是从2055年开始,始终保持增长,至2090年达到29.41%。

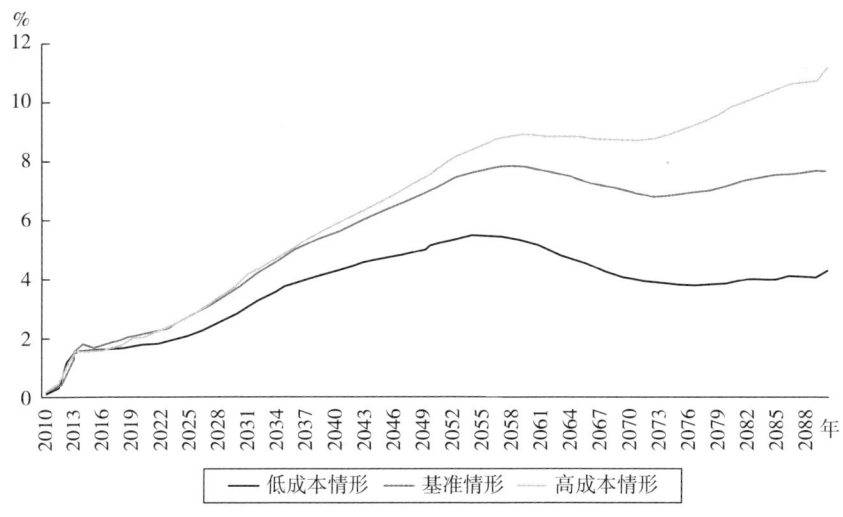

图 4.7　三种情形下的基本医疗保险基金缺口率比较

对于基本医疗保险而言，在考察期内，基金在三种情形下均始终呈现收不抵支状态，即缺口率均始终保持为正。而三种情形下的基金缺口率在 2016—2055 年期间都基本保持匀速增长，到 2055 年分别达到 5.52%、7.78%、8.61%。之后，低成本情形的缺口率在 2056—2075 年期间缓慢下降至 3.83%，2076—2090 年期间基金缺口率基本稳定，仅有小幅增长，到 2090 年达到 4.26%；基准情形的缺口率的变化趋势与基本情形基本一致，2056—2075 年期间降至 6.83%，2076—2090 年期间缓速增长至 7.61%；高成本情形的缺口率在 2056—2070 年期间基本稳定在 8.7%～8.8%之间，2071 年开始再度增长，至 2090 年达到 11.19%。

4.2.1.2　两类保险基金共同运行

特别考虑基本养老保险基金和基本医疗保险基金共同运行条件下的收支情况，作为上述分析的补充。由于两类保险基金对应参保人口存在差异，此处用 GDP 代替参保人员应税工资总额，通过"保险基金缴费收入和福利支出相对于 GDP 的比率"来反映基本养老保险基金和基本医疗保险基金的长期收支平衡情况，如表 4.7 所示。

4 社保基金精算评估

表 4.7 各年保险基金独立及共同运行的现金流情况

单位：%

年份	养老保险			医疗保险			养老保险和医疗保险		
	收入/GDP	支出/GDP	缺口率	收入/GDP	支出/GDP	缺口率	收入/GDP	支出/GDP	缺口率
2010	2.74	2.61	-0.13	1.10	1.15	0.06	3.84	3.77	-0.08
2011	2.94	2.71	-0.23	1.14	1.26	0.11	4.08	3.97	-0.11
2012	3.15	3.06	-0.09	1.27	1.48	0.22	4.41	4.55	0.13
2013	3.24	3.30	0.06	1.33	1.62	0.29	4.56	4.92	0.35
2014	3.27	3.58	0.31	1.39	1.71	0.32	4.66	5.29	0.63
2015	3.52	3.97	0.45	1.48	1.79	0.31	5.00	5.76	0.76
基准情形									
2016	3.99	3.80	-0.19	1.49	1.82	0.33	5.48	5.63	0.14
2017	4.07	3.81	-0.26	1.50	1.84	0.34	5.57	5.66	0.09
2018	4.14	3.84	-0.30	1.51	1.87	0.36	5.64	5.70	0.06
2019	4.21	3.83	-0.38	1.51	1.89	0.38	5.72	5.72	0
2020	4.28	3.78	-0.50	1.51	1.91	0.40	5.80	5.70	-0.10
2025	4.18	3.98	-0.20	1.49	2.00	0.51	5.67	5.98	0.31
2030	4.04	4.56	0.51	1.46	2.13	0.67	5.50	6.69	1.19
2035	3.90	4.70	0.80	1.42	2.27	0.85	5.33	6.98	1.65
2050	3.80	6.81	3.00	1.38	2.58	1.20	5.18	9.38	4.20

续表

年份	养老保险			医疗保险			养老保险和医疗保险		
	收入/GDP	支出/GDP	缺口率	收入/GDP	支出/GDP	缺口率	收入/GDP	支出/GDP	缺口率
2060	3.75	7.27	3.52	1.35	2.62	1.28	5.10	9.89	4.79
2070	3.75	7.28	3.53	1.37	2.53	1.16	5.12	9.81	4.69
2080	3.61	7.45	3.85	1.32	2.48	1.15	4.93	9.93	5.00
2090	3.53	7.34	3.81	1.29	2.49	1.20	4.82	9.83	5.01
低成本情形									
2016	3.99	3.80	−0.19	1.49	1.82	0.33	5.48	5.63	0.14
2017	4.08	3.82	−0.26	1.50	1.83	0.33	5.58	5.65	0.07
2018	4.16	3.85	−0.31	1.51	1.85	0.34	5.67	5.70	0.03
2019	4.24	3.85	−0.39	1.52	1.87	0.35	5.76	5.71	−0.04
2020	4.32	3.80	−0.52	1.53	1.88	0.36	5.85	5.69	−0.16
2025	4.24	4.00	−0.24	1.51	1.94	0.43	5.76	5.94	0.18
2030	4.13	4.57	0.45	1.48	2.05	0.56	5.61	6.62	1.01
2035	3.99	4.71	0.72	1.45	2.16	0.71	5.45	6.88	1.43
2050	3.91	6.71	2.80	1.42	2.37	0.95	5.33	9.08	3.75
2060	3.89	7.02	3.14	1.40	2.35	0.95	5.29	9.37	4.08
2070	3.95	6.84	2.89	1.43	2.20	0.76	5.38	9.04	3.65

4 社保基金精算评估

续表

年份	养老保险			医疗保险			养老保险和医疗保险		
	收入/GDP	支出/GDP	缺口率	收入/GDP	支出/GDP	缺口率	收入/GDP	支出/GDP	缺口率
2080	3.87	6.78	2.91	1.41	2.12	0.72	5.27	8.90	3.63
2090	3.82	6.54	2.73	1.39	2.13	0.74	5.20	8.67	3.47
高成本情形									
2016	3.97	3.80	-0.17	1.49	1.82	0.33	5.46	5.63	0.16
2017	4.03	3.81	-0.21	1.50	1.85	0.35	5.53	5.66	0.13
2018	4.07	3.83	-0.24	1.50	1.88	0.37	5.57	5.71	0.14
2019	4.12	3.83	-0.30	1.51	1.90	0.40	5.63	5.73	0.10
2020	4.18	3.78	-0.40	1.51	1.93	0.42	5.69	5.71	0.02
2025	3.98	3.98	0	1.49	2.03	0.54	5.47	6.01	0.54
2030	3.78	4.57	0.79	1.45	2.18	0.73	5.23	6.75	1.52
2035	3.58	4.73	1.15	1.41	2.34	0.92	5.00	7.07	2.07
2050	3.34	6.97	3.63	1.37	2.72	1.35	4.71	9.69	4.98
2060	3.20	7.60	4.40	1.32	2.83	1.51	4.52	10.43	5.91
2070	3.09	7.83	4.74	1.32	2.80	1.48	4.40	10.63	6.22
2080	2.86	8.25	5.39	1.25	2.80	1.55	4.11	11.05	6.94
2090	2.72	8.29	5.57	1.20	2.83	1.64	3.92	11.12	7.20

2016—2090年期间,"两类保险基金的缴费收入相对于GDP的比率和福利支出相对于GDP的比率"变化趋势与上述以参保人员应税工资总额为基础的收入比率和支出比率基本一致。

本部分重点考虑两类保险共同运行的情况,分别测算两类保险总缴费收入和总福利支出相对于GDP的比率。可以发现:在基准情形下,2010—2015年期间,由于机关事业单位养老保险制度改革、城乡居民养老保险全面覆盖以及城镇居民医疗保险和新型农村合作医疗制度改革,两类保险总收入和总支出相对于GDP的比率均出现较大增长;两类保险总收入相对于GDP的比率增长到2020年达到最高点5.80%,2020年之后,该比率开始缓慢下降,2090年降为4.82%,主要是受到未来参保人员实际缴费比率下降的影响;在2016—2060年期间,受到人口老龄化和医保报销比例提高的双重作用,两类保险总支出相对于GDP的比率则始终保持上涨趋势,2060年达到最大值9.89%,之后30年里基本保持平稳。

在两类保险"联合基金"共同运行的条件下,三类情形下的基金缺口率仍有高成本情形最大,基准情形次之,低成本情形缺口率最小的特点。低成本、基准、高成本三类情形下的基金缺口率在考察期内均基本保持增长趋势,到2090年分别达到3.47%、5.01%、7.20%。

4.2.2 社会保险基金长期偿付率评估

"社会保险基金偿付率"是指年初基金资本存量相对于当年基金支出成本的比率,是用于评估社会保险基金资本充足率的关键指标。由于在当前的社会保险制度下,基本养老保险基金和基本医疗保险基金均不具备借款的权利(预缴费除外),一旦基金的资本存量耗尽,如果基金缴费收入低于福利支出成本,保险基金随时可能无法按期支付参保人员的既定福利。因此,社会保险基金偿付率是评估基金资本充足率的关键。

此外,基金偿付率还是用于评估基金精算平衡情况的重要指标。如果在整个考察期内,基金的资本充足率始终为正值,并且保持稳定或增长,

4 社保基金精算评估

那么基金很可能在长期内一直保持资本充足状态,因此具备可持续偿付能力。

分别在三类假设情况下,单独考虑基本养老保险基金、基本医疗保险基金独立运行以及两类保险基金共同运行时的基金偿付率情况,并重点分析基金累计结余耗尽的年份,以及该年的收支比。汇总结果如表4.8所示。

表4.8　　　　　2015—2090年期间各年保险基金偿付率　　　单位:%

年份	基准情形			低成本情形			高成本情形		
	养老	医疗	联合	养老	医疗	联合	养老	医疗	联合
2015	130.44	—	116.66	138.97	—	—	139.23	—	—
2016	139.11	91.09	123.54	131.19	91.01	123.43	130.85	91.16	123.65
2017	131.21	65.85	109.91	125.44	66.27	110.13	123.99	65.76	109.61
2018	125.30	42.61	98.22	122.43	43.80	98.93	119.36	42.25	97.14
2019	122.06	20.94	88.62	123.13	23.12	89.97	117.89	20.19	86.42
2020	122.44	0.57	81.51	127.68	3.95	83.68	119.75	a	77.85
2021	126.60	a	77.07	131.52	a	80.22	120.56	a	71.64
2022	129.95	a	72.93	132.20	a	77.15	118.06	a	65.52
2023	130.07	a	67.69	131.14	a	73.03	113.46	a	58.21
2024	128.35	a	61.16	126.98	a	67.70	105.79	a	49.42
2025	123.50	a	53.18	67.92	a	60.92	28.78	a	39.18
2030	60.55	a	a	1.75	a	2.19	a	a	a
2035	a	a	a	a	a	a	a	a	a
2060	a	a	a	a	a	a	a	a	a
2090	a	a	a	a	a	a	a	a	a

续表

年份	基准情形			低成本情形			高成本情形		
	养老	医疗	联合	养老	医疗	联合	养老	医疗	联合
基金累计结余耗尽年份	2034	2020	2029	2035	2020	2030	2031	2019	2027
收支比（结余耗尽当年）	85.76	79.16	83.01	84.77	81.08	84.71	81.55	79.09	85.15

注：（1） a 表示在该年年初，基金累计结余为负值，基金偿付率没有实际意义。

（2）表中的未来各年基金年末累计结余是以 2015 年年末数据为基础测算得到的，而 2015 年的基本医疗保险基金年末累计结余并未将新型农村合作医疗的基金年末累计结余包含在内（无公开数据）。

（3）表中的收支比，是指基金累计结余耗尽当年的缴费收入总额与福利支出总额的比值。

（4）表中数据的测算中所用到的缴费收入仅包括参保人员个人和其用人单位的缴费收入，未将财政补贴包括在内。

分别考虑两类保险基金独立运行，在基准情形下，基本养老保险基金偿付率在 2011—2016 年期间基本保持上升趋势，到 2016 年达到最大值 139.11%，之后，基金偿付率开始逐步下降；直至 2034 年，基金累计结余全部耗尽，当年的基金缴费收入总额仅为福利支出总额的 85.76%。基本医疗保险基金的基金累计结余在考察期内逐年下降（2011—2016 年期间出现小幅波动，从 2016 年开始快速减少），导致基金累计结余在 2020 年便被全部耗尽；2020 年，基本医疗保险的当年缴费收入总额仅仅能够支付福利支出总额的 79.16%。

若假设两类保险基金共同运行，在基准情形下，联合基金的基金偿付率在 2011—2016 年期间呈上升趋势，2016 年达到最大值 123.54%；之后，基金偿付率逐年下降，直到联合基金的基金累计结余在 2029 年全部耗尽，当年的基金缴费收入总额相当于福利支出总额的 83.01%。

不考虑政府每年的财政补贴收入，在基准情形下，两类保险基金独立运行或者共同运行,未来都将存在较为严重的收不抵支现象,尤其是基本医疗保险基金更加严重。

对于其他两种情形而言,低成本情形的基金收支情况略好于基准情形,在低成本情形下,两类保险基金的基金累计结余在2035年和2020年耗尽,即基本养老保险基金的基金累计结余耗尽年份略晚于对应基准情形,而基本医疗保险基金的基金累计结余耗尽年份虽与对应的基准情形相同,但低成本情形下的基金累计结余耗尽当年收支比为81.08%,大于对应基准情形的79.16%;低成本情形下的两类保险联合基金的基金累计结余耗尽年份也晚于对应基准情形(2030年)。相比之下,高成本情形对应的两类保险基金及其联合基金的基金累计结余耗尽年份均早于基准情形,显然,高成本情形下,基金收不抵支的情况更加严峻。

对社会保险基金封闭条件下的长期精算平衡情况的评估,需要基于两个条件:(1)短期内,基金满足偿付能力充足条件;(2)长期内,基金偿付率在75年的考察期内始终为正值,以保障参保人员的既定福利能够按时足额发放。然而,根据本报告4.1节对两类保险基金短期偿付能力充足性的评估,短期内,基本医疗保险基金的基金偿付率始终低于100%,不具备偿付能力充足性。长期内,在基准情况下,基本医疗保险基金、基本养老保险基金以及二者联合基金的累计结余分别在2034年、2020年、2029年全部耗尽。综上,在封闭条件下,社会保险基金无法通过长期精算平衡情况的检验。

4.2.3 社会保险基金长期收支累计现值评估

"长期收支累计现值",是将"未来75年的基金收支"作为一个整体,来考虑保险基金的长期资本充足率。其中,"长期收支累计现值"是通过将未来75年内的各年基金收入、支出分别贴现到评估当期并加总得到的。利用"长期收支累计现值"评估精算平衡是基于考察当期的未来偿付能力状态评估。

收入累计现值比率是未来一段时期内的缴费收入累计现值、初始基金累计结余相对于对应时间段内的参保人员应税工资总额累计现值的比重。支出累计现值比率是未来一段时期内的福利支出累计现值、考察时段的年末基金偿付率达到100%所需的资金现值相对于对应时间段内的参保人员应税工资总额累计现值的比重。

考察时间段内的累计缺口率即为该时段的支出累计现值比率和收入累计现值比率的差值。"累计缺口率为0"表示考察时间段内的各年福利支出作为一个整体能够被足额支付（并不要求每期福利支出均能够被足额支付），并且考察时间段期末的基金偿付率为100%。"累计缺口率>0"表示考察时间段初始时刻的基金累计结余与期间缴费收入累计现值之和，小于期间福利支出累计现值与考察时间段期末为达到100%基金偿付率所要求的基金年末累计结余现值之和。一般来讲，如果基金累计缺口率在一段时期内始终保持非正值，就可以认为该保险基金资本充足。进一步来讲，即使基金存在一个较小的正累计缺口率，只要基金累计结余始终为正，依然可能具备偿付能力。

表4.9列出了在基准情形、低成本情形和高成本情形三种情况下的收、支累计现值比率。低成本和高成本两种情形的评估使保险基金资本充足性具有更多可能的结果。

当考察期为25年时，基本养老保险基金在基准情形下的缺口率为1.32%，基本医疗保险基金在基准情况下的缺口率为3.70%。说明在25年的考察期内，在基准情形下，基本养老保险基金和基本医疗保险基金均不具备充足的偿付能力。

当考察期为50年时，基本养老保险基金在基准情形下的缺口率为7.44%；基本医疗保险基金在基准情形下的缺口率为5.36%。说明在50年的考察期内，在基准情形下，基本养老保险基金和基本医疗保险基金均不具备充足的偿付能力。同样地，在75年的考察期内，两类保险基金仍不具备充足的偿付能力。

4 社保基金精算评估

表4.9 两类保险基金收、支累计现值比率及缺口率 单位：%

年份	收入累计现值比率			支出累计现值比率			缺口率
	累计收入现值	考察期初基金结余现值	合计	累计支出现值	考察期末目标基金结余现值	合计	
基本养老保险							
基准情形							
2016—2040	17.33	0.90	18.23	18.55	1.01	19.56	1.32
2016—2065	17.27	0.47	17.74	24.50	0.68	25.18	7.44
2016—2090	17.24	0.32	17.56	27.75	0.44	28.19	10.63
低成本情形							
2016—2040	17.33	0.90	18.23	18.29	0.97	19.26	1.03
2016—2065	17.27	0.47	17.74	23.57	0.63	24.20	6.46
2016—2090	17.24	0.32	17.55	25.61	0.37	25.98	8.43
高成本情形							
2016—2040	16.44	0.91	17.35	18.69	1.02	19.71	2.36
2016—2065	15.83	0.47	16.30	25.22	0.73	25.95	9.65
2016—2090	15.45	0.33	15.77	29.90	0.51	30.41	14.64
基本医疗保险							
基准情形							
2016—2040	8.16	0.37	8.53	11.65	0.57	12.23	3.70
2016—2065	8.15	0.19	8.34	13.39	0.31	13.70	5.36
2016—2090	8.16	0.13	8.29	14.01	0.19	14.20	5.92
低成本情形							
2016—2040	7.57	0.34	7.91	10.28	0.49	10.77	2.85
2016—2065	7.61	0.18	7.79	11.43	0.25	11.68	3.89
2016—2090	7.63	0.12	7.76	11.52	0.15	11.67	3.92

续表

年份	收入累计现值比率			支出累计现值比率			缺口率
	累计收入现值	考察期初基金结余现值	合计	累计支出现值	考察期末目标基金结余现值	合计	
基本医疗保险							
高成本情形							
2016—2040	7.59	0.35	7.94	11.09	0.55	11.65	3.71
2016—2065	7.64	0.18	7.83	13.17	0.30	13.48	5.65
2016—2090	7.69	0.13	7.82	14.31	0.17	14.48	6.66

假设基准情形的假设准确地刻画了未来的人口结构及经济环境变化，两类保险基金在未来 75 年内的偿付能力不足的问题可以通过多种方法弥补。例如，适度提高缴费率、延迟退休、降低福利支出等。但相比而言，提高缴费率等增加基金缴费收入的手段更有助于弥补收支缺口，这是由于收支缺口的出现除了各年收支现金流的差异之外，还包括为确保考察期末基金偿付率为 100% 所需要的期末基金结余。

通过上述三段考察期的比较，还可以看到，随着考察期限的加长，各类保险基金的缺口率均显著增长，其中，基本养老保险基金的缺口率增幅更为显著。通过 4.2.1 节的各年收支缺口率可以发现，两类保险基金的各年收支缺口率均逐年增长，到 2090 年附近增速基本较为缓慢，但仍未有下降趋势。收、支累计现值的缺口率随考察期延长的增长和收支缺口率的逐年增长，说明在 2090 年之后的一段时间里，各类保险基金的福利支出总额仍将超过缴费收入。因此，为保障保险基金的长期资本充足率，基金缴费制度亟须调整以满足缴费收入的增长需要。

对比两类保险基金还可以发现，随着考察期的延长，基本医疗保险基金的收、支累计现值缺口率的增速较慢并且逐步放缓，说明在未来 75 年的考察期内，基本医疗保险基金的收支情况并未发生显著恶化，主要的偿付能力不足还是因为基本医疗保险参保人员的个人缴费水平偏低；而由于受到人口老龄化的显著影响，基本养老保险基金的收不抵支现象在未来更加严重。

其他两种情形：

在低成本情形下，基本养老保险基金的收入累计现值比率与基准情形的对应值基本相等，而支出累计现值比率略低于基准情形，三段考察区间的基本养老保险基金缺口率分别较基准情形减少0.29%、0.98%、2.20%，两种情形下的缺口率差异随考察区间的延长而加大。基本医疗保险基金的收、支累计现值比率均小于基准情形对应值，而三段考察区间的缺口率则分别较基准情形下降0.85%、1.47%、2.00%，两种情形下的缺口率差异同样随考察区间的延长而加大，但增长幅度明显小于基本养老保险基金。

在高成本情形下，相对于基准情形而言，三段考察区间的基本养老保险基金缺口率分别增加1.04%、2.21%、4.01%，基本医疗保险基金缺口率分别增加0.01%、0.29%、0.74%。

以基准情形缺口率为基准，相比之下，低成本情形下的基本医疗保险基金缺口率变化显著于高成本情形下的基本医疗保险基金；高成本情形下的基本养老保险基金缺口率变化更加显著于低成本情形下的基本养老保险基金。

进一步重点分析基准情形下的基本养老保险基金和基本医疗保险基金缺口率测算过程，如表4.10所示。其中，以保险基金的"总福利支出与总缴费收入之差"扣减2016年保险基金累计结余，即为未备基金的负债，表示在不存在保险基金累计结余情况下的收支差额。而收支缺口现值，是在未备基金负债的基础上，加上考察期末的目标基金结余金额在2016年的现值，反映整个考察期的实际收支缺口现值。

表 4.10　基准情形下的 75 年考察期收、支累计现值缺口率

项目	基本养老保险	基本医疗保险
2016 年现值（亿元）		
a 城镇职工缴费收入	2133359	679184.7
b 城乡居民缴费收入	34791.72	107656.4
c 总缴费收入（a+b）	2168150	786841.1
d 城镇职工福利支出	3084984	1037344
e 城乡居民福利支出	404500.6	314244.8
f 总福利支出（d+e）	3489484	1351589
g 总福利支出 − 总缴费收入（f−c）	1321334	564747.8
h 考察期初基金结余现值	39937	12542.81
i 未备基金的负债（g−h）	1281397	552205
j 考察期末目标基金结余现值	55402.74	18776.66
k 收支缺口现值（g−h+j）	1336800	570981.7
l 参保人员应税工资总额累计现值	12574419	9647519
m 缺口率（k/l×100%）	10.63%	5.92%

4.2.4　参保缴费年龄段人口与退休年龄段人口比较

在从以上三个角度对基本养老保险基金和基本医疗保险基金的资本充足性进行评估分析之后，本报告在基准情形下，对参保人员的缴费年龄段人口与退休年龄段人口进行比较，从参保人口的构成的角度，进一步探究保险基金的收支平衡能力，如表 4.11 所示。

4 社保基金精算评估

表 4.11 两类保险参保人口构成情况 单位：万人

年份	养老保险			医疗保险		
	参保缴费年龄段人口	参保退休年龄段人口	抚养比	参保缴费年龄段人口	参保退休年龄段人口	抚养比
2010	25186.37	10009.79	39.7429	107748.9	18161.6	16.85549
2011	43849.83	16439.25	37.48989	111611.5	18934.88	16.96499
2012	51332.89	19040.37	37.09196	114472.3	19666.35	17.18
2013	56246.33	21629.1	38.45424	116684.5	20585.62	17.64213
2014	61023.11	24121.96	39.52921	111923.7	21424.05	19.14165
2015	61505.71	25372.36	41.25204	116902.3	22256.83	19.03882
基准情形						
2016	64221.11	26649.72	41.49682	116996.1	23113.79	19.75603
2017	64764.39	27542.28	42.52689	117331.9	23798.41	20.28298
2018	65345.69	28522.59	43.64877	117321.3	24750.08	21.09597
2019	66250.4	29171.29	44.03186	117208.6	25722.05	21.94553
2020	67261.25	29924.78	44.49037	117393.2	26296.71	22.40054
2025	68635.52	36582.97	53.30035	115079.7	31151.45	27.06945
2030	64747.91	42797.16	66.09813	109715.9	37268.27	33.96797
2035	62035.7	47045.06	75.83546	104858.4	41865.57	39.92583
2040	60562.97	49363.02	81.50693	102058.1	43768.37	42.88575
2045	58497.14	51592.24	88.19618	99078.11	45407.22	45.82972
2050	54800.06	53593.98	97.79912	94853.75	47518.44	50.09654
2060	53715.54	50055.91	93.18702	91768.75	44086.36	48.04071
2070	52289.82	46049.45	88.0658	89270.68	39529.31	44.28028
2080	48792.25	44724.47	91.66305	83820.69	38919.91	46.43234
2090	47278.83	42482.69	89.85563	81093.84	36618.84	45.15613

注：抚养比，是指平均每100名参保缴费年龄段人员所对应的参保退休年龄段人口数目。

在基准情形下，基本养老保险基金的支出比率在2016—2020年期间基本保持稳定，在2021—2050年期间迅速从15.29%增至30.79%，主要是由于人口老龄化带来的基本养老保险抚养比快速增长，平均每100个参保缴费年龄段人口供养的参保退休年龄段人口数目从44.49人增至97.80人。基本医疗保险基金的抚养比在2016—2020年期间从19.76增至22.40，基本保持平稳，之后的2021—2050年期间，抚养比迅速增至50.10。综合比较两类保险，基本养老保险基金的抚养比始终高于基本医疗保险基金，进一步解释了两类保险的支出比率差异。

5 精算评估假设与方法

社保基金未来的收支主要受到人口统计、经济环境和基金计划相关因素的影响。基金收入取决于这些因素对劳动人口规模和结构,以及工资收入水平和分布的影响;基金支出则取决于这些因素对基金受益人口规模和构成,以及福利支出平均水平的影响。

基于对相关参数历史趋势及其历史背景环境与未来发展预期的分析,本报告对基金收支的相关因素作出一系列基础假设,其中包括:生育率、新生儿死亡率、新生儿性别比、死亡率、城乡迁移模式;劳动生产率增长率、通货膨胀率、社会平均工资、失业率、实际利率等。其他因素的估计依赖于上述基础假设,包括总人口结构、预期寿命、劳动力参与率、国内生产总值、基金计划特定参数等。

测算相关因素的未来水平及其内在关系本身具有一定的不确定性。为了评估参数假设不确定性可能带来的结果差异,本报告分别三种情形(基准情形、低成本情形、高成本情形)进行参数假设及相关测算。其中,基准情形的假设代表了我们对未来人口及经济环境发展趋势的最优判断;而低成本情形和高成本情形则分别代表了我们对未来人口和经济环境发展的更乐观和更悲观的假设,反映了对参数值及其相互关系的未来最大可能变动的估计。不同情形的差异主要体现在人口和经济环境的相关参数假设上;至于基金参数假设,由于本报告对保险基金相关参数的假设主要依赖于我国现行社会保险基金制度及运行情况,在假设制度不变的条件下,假设三种情形下的基金相关参数假设不存在差异。需要注意的是,所有相关因素及其相互作用都朝着最坏(好)的情形发展是不太可能的,低成本情形和高成本情形实际上是很难出现的,两种特殊情形下的估计只是给出了未来收支数据的合理区间。

此外,本报告还对一些关键参数进行了敏感性分析,进而得到不同参数假设条件下的可能结果分布。

下面将分别介绍未来基金收支测算中的相关参数估计方法与假设。

5.1 人口统计方法与相关假设

5.1.1 生育模式与总和生育率

根据2000年第五次人口普查的统计结果,人口普查期间,我国妇女总和生育率为1.22,其中,城市总和生育率为0.86,镇的总和生育率为1.08,乡村的总和生育率为1.43;2010年第六次人口普查时,我国妇女总和生育率为1.1811,其中,城市总和生育率为0.8821,镇的总和生育率为1.1543,乡村总和生育率为1.43755。通过此前两次人口普查结果来看,2000—2010年期间的10年里,我国妇女总和生育率只有微小下降,其中城镇、乡村的妇女生育率均微有上升,总和生育率的下降主要是由城乡人口转移所致。

人口学研究人员普遍认为第五次人口普查、第六次人口普查统计结果存在0~9岁低龄人口漏报的问题。曾毅团队根据可信的第六次人口普查10~19岁人数和2000—2009年死亡率,反向预测2000年的0~9岁人数,发现第五次人口普查0~9岁人口的漏报率为9%~10%;考虑到2010年第六次人口普查时,调查人员更加重视低龄人口的漏报问题,采取了更为有效的调查统计措施,有理由认为第六次人口普查的低龄人口漏报率比第五次人口普查时的9%~10%显著降低。基于对2010年第六次人口普查等新数据的人口学深入严谨分析,曾毅(2015)估算出2000年和2010年较为可信的实际总和生育率分别为1.66和1.63,其中2010年的城乡生育率分别为 1.24 和 2.01。

1985 年浙江省最早实现城乡全面放开双独二胎政策；此后，天津、上海、江苏、北京等 27 个省份，相继在 20 世纪 80 年代末至 90 年代期间实行"双独二胎"政策；直至 2011 年底，"双独二胎"政策在经历了 26 年之后，终于在我国实现了全覆盖。2013 年底，党的十八届三中全会审议通过"单独二胎"政策，计划在 2014 年初开始试行。根据曾毅团队在只放开双单独生二孩情形下的假设，估计 2015 年，我国妇女总和生育率为 1.89，城乡妇女生育率分别为 1.69、2.12。2015 年底，十二届全国人大常委会第十八次会议审议通过了《人口与计划生育法修正案》，2016 年 1 月 1 日起在我国全面放开"二胎政策"。根据曾毅团队在二孩但不提倡晚育情形下的假设，放开二胎政策后，我国妇女总和生育率将增至 2.01，城乡妇女生育率分别为 1.80 和 2.27；到 2030 年，城镇妇女生育率始终保持在 1.80 的水平不变，乡村妇女生育率微有上升，增至 2.29，而由于城乡人口转移的因素，城乡妇女总和生育率将降至 1.94。

根据上述分析，确定基准情形下的城乡妇女生育率，并在此基础上，根据基准情形下的城乡妇女生育率变动趋势，确定低成本情形和高成本情形的城乡妇女生育率参数，汇总如表 5.1 所示。预计到 2090 年，低成本情形、基准情形、高成本情形的总和生育率将分别达到 2.13、1.83 和 1.53。

表 5.1　　　　　　　　城乡妇女生育率

年份	总和生育率	城镇妇女生育率	农村妇女生育率
2010	1.63	1.24	2.01
2011	1.68	1.33	2.03
2012	1.73	1.42	2.05
2013	1.79	1.51	2.08
2014	1.84	1.60	2.10
2015	1.89	1.69	2.12

续表

年份	总和生育率	城镇妇女生育率	农村妇女生育率
基准情形			
2016	2.01	1.80	2.27
2020	1.99	1.80	2.28
2025	1.97	1.80	2.28
2030	1.94	1.80	2.29
2035	1.92	1.80	2.29
2050	1.85	1.80	2.22
2080	1.83	1.79	2.21
2090	1.83	1.79	2.21
低成本情形（生育率偏高）			
2016	2.03	1.82	2.29
2020	2.01	1.82	2.30
2025	2.05	1.88	2.36
2030	2.08	1.94	2.43
2035	2.12	2.00	2.49
2050	2.15	2.10	2.52
2080	2.13	2.09	2.51
2090	2.13	2.09	2.51
高成本情形（生育率偏低）			
2016	1.95	1.74	2.21
2020	1.93	1.74	2.22
2025	1.87	1.70	2.18
2030	1.80	1.66	2.15
2035	1.72	1.6	2.09
2050	1.55	1.50	1.92
2080	1.53	1.49	1.91
2090	1.53	1.49	1.91

5 精算评估假设与方法

一般认为妇女生育年龄为15～49岁，2010年第六次人口普查结果公布了2009年11月1日至2010年10月31日期间城、镇、乡村的分年龄妇女和新生儿数量，据此分析计算出城镇、乡村的各年龄妇女生育模式，并假设该生育模式在整个预测期间保持不变。

5.1.2 新生儿死亡率

新生儿死亡率是指未满周岁的婴儿死亡数占当年新生儿总数的比重，新生儿死亡率是衡量医疗卫生发展水平的重要指标，同时也能够侧面反映出地区的社会经济水平、居民文化水平、居民健康意识、生活环境等情况。

根据《中国卫生和计划生育统计年鉴2015》公布的统计结果，2000年我国新生儿总死亡率为22.8‰，其中，城市新生儿死亡率为9.5‰，乡村新生儿死亡率为25.8‰；2010年新生儿总死亡率显著下降，达到8.3‰，其中城市新生儿死亡率为4.1‰，乡村新生儿死亡率为10‰；2014年新生儿总死亡率进一步下降至5.9‰，城乡新生儿死亡率分别为3.5‰、6.9‰。过去十几年里，我国城乡新生儿死亡率均显著下降，城镇新生儿死亡率已降至较低水平，年下降速度趋于平缓；乡村新生儿死亡率距离发达国家平均水平仍有一定差距，随着未来农村医疗环境的进一步改善，有望进一步降低，如表5.2所示。

表5.2　　　　　　　　城乡新生儿死亡率　　　　　　　　单位：‰

年份	新生儿总死亡率	城镇新生儿死亡率	乡村新生儿死亡率
2010	8.3	4.1	10
2011	7.8	4	9.4
2012	6.9	3.9	8.1
2013	6.3	3.7	7.3
2014	5.9	3.5	6.9
2015	2.3	3.4	6.7

续表

年份	新生儿总死亡率	城镇新生儿死亡率	乡村新生儿死亡率
基准情形			
2016	2.28	3.31	6.48
2030	1.5	2	3.5
2090	1.5	2	3.5
低成本情形（新生儿死亡率偏高）			
2016	2.30	3.34	6.52
2030	1.8	2.4	4.2
2090	1.8	2.4	4.2
高成本情形（新生儿死亡率偏低）			
2016	2.26	3.29	6.43
2030	1.2	1.6	2.8
2090	1.2	1.6	2.8

在《中国卫生和计划生育统计年鉴2015》中还公布了2013年的世界主要国家新生儿死亡率，其中发达国家2013年的新生儿死亡率基本在2‰~3‰之间，而日韩两国的新生儿死亡率分别为1‰和1.6‰，可以看出我国的新生儿死亡率距离发达国家仍有较大差距。预计到2030年，我国城乡新生儿死亡率将分别达到2‰、3.5‰，之后保持该水平不变。在此基础上，分别设计偏高和偏低的两类新生儿死亡率，作为低成本情形和高成本情形下的新生儿死亡率假设。

5.1.3 新生儿性别比

新生儿性别比，是指平均每出生100名女婴所对应的新生男婴人数。国际社会公认的没有婴儿性别选择情况下的正常新生儿性别比为105~106。我国20世纪50~70年代的新生儿性别比较为正常，80年代开始偏高并持续上升,从1982年的107.1上升到2000年的116.9,到2010年进一步增长到121.21,其中2010年的城乡新生儿性别比分别为120.15、122.09,严重超过正常水平。

在全面放开二胎政策之前,我国部分地区执行一孩半政策,即只允许独女户生二孩,这种在理论上可称为心理暗示导向作用的政策进一步加深了重男轻女的观念。根据曾毅(2009)的统计,我国一孩半政策地区大约有19%的一胎女孩夫妇做性别鉴定与流产女婴以保证二胎是男孩,而二孩政策地区的这一比例只有4.6%。根据郭志刚(2005)的统计,2000年我国执行一孩半政策地区和在晚育前提下普遍允许生二孩政策地区的新生儿性别比分别为124.7、109.0。

随着2015年底二胎政策的全面放开以及人们性别偏好的降低,未来新生儿性别比有望显著下降,逐渐趋于正常水平。预计到2050年城乡新生儿性别比将分别降至105、107,之后保持不变。

5.1.4 死亡率

2010年第六次人口普查调查了2009年11月1日至2010年10月31日期间城市、镇和乡村的分年龄组死亡人口,据此推算2010年城乡分年龄、性别死亡率。根据《中国养老保险基金的测算与管理》的论述,一般经验认为0~4岁儿童死亡率下降最快,其次是50岁以上的高龄人口,4~50岁人口由于意外死亡的发生死亡率下降最慢。

医疗卫生知识水平提高、医疗保健服务资源的增多、环境卫生情况的改善等原因,都会造成死亡率的下降。考虑到我国未来的医疗卫生服务条件等情况还存在较大的改善空间,预期未来几十年的时间里,城乡死亡率将进一步下降。按照《中国养老保险基金的测算与管理》中提供的2000—2050年不同年龄段死亡率的下降趋势和预期寿命的变化趋势,对我国未来分年龄、性别的死亡率进行预测,并假定2050年后死亡率稳定不变,以此作为基准情形的死亡率假设,表示本报告对未来死亡率情况的最佳判断。

另外，在基准情形的死亡率假设基础上，分别设计偏高和偏低的两类死亡率矩阵，作为低成本情形和高成本情形的死亡率假设。

5.1.5 城乡迁移模式

在过去十几年里，我国城市化水平快速增长，城镇人口比重从2000年的36.92%上升到2010年的50.27%，到2014年进一步增长为54.77%。相较于世界发达国家而言，仍处在相对偏低的水平。世界发达国家的城市化峰值大致可分为三类情形：低峰值国家城镇人口比重的峰值在65%以下，如希腊、芬兰等；中峰值国家的城镇人口比重峰值在65%~80%之间，如德国、法国等欧洲大陆国家；高峰值国家的城镇人口比重峰值则在80%以上，如英国、美国等。根据《2001—2002年中国城市发展报告》的预计，到2050年，中国城镇人口比重将提高到75%以上，基本达到发达国家水平。

据此，假设2015年之前，平均每年有1200万人从乡村迁移到城镇，2020年迁移规模下降到1000万人，2030年下降到600万人，2050年下降到400万人，之后城乡人口结构基本保持稳定，迁移停止，以实现在2050年城镇人口比重达到75%峰值的目标。

2000年第五次人口普查公布了从1999年11月1日到2000年10月31日期间分年龄、性别和迁移原因的人口数；2010年第六次人口普查公布了全国以及区分城市、镇和乡村的分年龄、性别、迁移原因和户口登记地在外乡镇街道的人口。假定预测期间乡村向城镇迁移人口的迁移模式和2010年户口不在登记地的乡村人口迁移模式一致，并假设该迁移模式在整个预测期间保持不变；其中65岁以上是合计数，考虑到65岁以上人口迁移的主要原因是拆迁搬家、随迁家属和投靠亲友，可以认为65岁以上人口的迁移与年龄的相关性不大，故而假设65岁以上人口迁移的分布和年龄结构一致。

5 精算评估假设与方法

5.1.6 总人口估计

本报告以2010年第六次人口普查调查统计的人口结构为基础,利用教育部公布的各年小学入学人口数据,对0~6岁低龄人口结构进行修正,并以此作为基年人口结构,采用队列要素法,对评估期内的未来分年龄、性别的城乡人口进行预测。具体考虑现存人口存活至下一年、新生儿出生、城乡人口迁移三个方面,以城镇女性人口结构预测为例,$x(t+1) = L(t).^*x(t) + M(t)B(t)x(t) + f(t)$。其中,城镇各年龄女性人口数目矩阵

$$x(t) = \begin{bmatrix} x_0(t) \\ x_1(t) \\ \cdots \\ x_m(t) \end{bmatrix}, \quad x(t+1) = \begin{bmatrix} x_0(t+1) \\ x_1(t+1) \\ \cdots \\ x_m(t+1) \end{bmatrix}$$

式中,$x_a(t)$ 表示第 t 年初的 a 岁城镇女性人口,$x_{a+1}(t+1)$ 表示第 $t+1$ 年初的 $a+1$ 岁城镇女性人口,m 表示最高寿命。

第 t 年度初时的各年龄城镇女性存活到 $t+1$ 年度的人口矩阵表示为

$$L(t).^*x(t) = \begin{bmatrix} 0 \\ x_0(t)l_0(t) \\ x_1(t)l_1(t) \\ \cdots \\ x_{m-1}(t)l_{m-1}(t) \end{bmatrix},$$

式中,$l_a(t)$ 为第 t 年初 a 岁女性人口留存率。

第 t 年各年龄妇女生育并存活的女性人口结构矩阵为

$$B(t) = \begin{bmatrix} 0 & \cdots & b_{15}(t) & \cdots & b_{49}(t) & \cdots & 0 \\ 0 & \cdots & \cdots & \cdots & 0 & \cdots & 0 \\ \cdots & \cdots & \cdots & \cdots & \cdots & \cdots & \cdots \\ 0 & \cdots & 0 & \cdots & 0 & \cdots & 0 \end{bmatrix},$$

式中，$b_i(t) = l_{00}(t)h_i(t)k_i(t)$，$i = 15$，…，49；$h_i(t)$ 和 $k_i(t)$ 分别为 t 年度 i 岁育龄妇女的生育模式及其出生婴儿中女婴的比例；$l_{00}(t)$ 表示第 t 年度时的女婴留存率；$M(t)$ 为 t 年总合生育率。

$f(t)$ 为人口迁移向量，即每年分年龄的农村女性向城镇迁移的情况。

表5.3　　　　　2010—2090 年期间各年总人口　　　　单位：亿人

年份	0~20岁	21~35岁	36~50岁	51~65岁	66~100岁	总人口
2010	3.6517	3.2028	3.4150	2.1373	1.0985	13.5053
2011	3.5331	3.2704	3.4785	2.1700	1.1270	13.5790
2012	3.4880	3.2774	3.5657	2.1661	1.1607	13.6579
2013	3.4587	3.3005	3.5401	2.2422	1.1992	13.7407
2014	3.4363	3.3103	3.4598	2.3819	1.2389	13.8271
2015	3.4389	3.2963	3.4199	2.4692	1.2915	13.9159
基准情形						
2016	3.4540	3.2841	3.3656	2.5581	1.3491	14.0110
2017	3.5005	3.2444	3.3178	2.6466	1.4038	14.1130
2018	3.5488	3.1707	3.3238	2.6866	1.4772	14.2071
2019	3.5903	3.1272	3.2464	2.7830	1.5461	14.2931
2020	3.6396	3.0668	3.1921	2.8445	1.6259	14.3690
2025	3.7589	2.5894	3.1404	3.2088	1.9256	14.6231
2030	3.6499	2.3396	3.2350	3.2084	2.2656	14.6984
2035	3.4993	2.4309	3.0085	3.0027	2.7311	14.6724
2040	3.2572	2.6914	2.5402	2.9737	3.1202	14.5826
2045	3.1532	2.7184	2.2971	3.0674	3.2124	14.4485
2050	3.1536	2.5995	2.3878	2.8454	3.2510	14.2372
2055	3.1357	2.3410	2.6448	2.4028	3.4181	13.9424
2060	3.0730	2.2037	2.6722	2.1812	3.4554	13.5855

续表

年份	0~20岁	21~35岁	36~50岁	51~65岁	66~100岁	总人口
2065	2.9728	2.2190	2.5551	2.2685	3.2063	13.2217
2070	2.8832	2.2567	2.3010	2.5108	2.9284	12.8800
2075	2.8393	2.2349	2.1660	2.5355	2.7874	12.5631
2080	2.8182	2.1465	2.1810	2.4209	2.7074	12.2741
2085	2.7901	2.0529	2.2184	2.1806	2.7699	12.0118
2090	2.7443	2.0093	2.1971	2.0544	2.7661	11.7713

5.2 经济环境相关参数的预测方法与假设

三种情形下的经济环境相关参数假设，反映了我们对未来经济增长趋势的预期。其中，基准情形的假设，基于我们关于未来经济持续稳定增长的预期，是对未来经济参数假设的最佳评估；低（高）成本情形的假设代表了一种更加乐观（悲观）的未来预期。下面，我们将对经济环境相关参数的假设作出简要介绍。

5.2.1 劳动生产率增长率

劳动生产率反映在一定时期内单位劳动消耗量所创造的劳动成果，通常表示为单位工时创造的实际 GDP 金额。劳动生产率增长率是工资增长水平的主要影响因素，一般认为全社会的平均工资增长率与名义劳动生产率增长率一致。

通过分析比较当前国内外学者关于我国劳动生产率增长率、人均 GDP 增长率、GDP 增长率的中长期预测结果可以发现，国外学者或者机构（Economist Intelligence Unit data，2015；OECD）对我国劳动生产率增长率和 GDP 增长率的估计较为悲观；将白重恩（2015）的结果与国务院发展研究中心和世界银行（2013）的结果进行对比，白重恩（2015）对未来劳动生产率增长率的估计普遍偏低，其中白重恩（2015）基于 Maddison 数据的研究时间较早且结果更为悲观。综合比较各家预测结果，本报告选用处于预测中间水平的白重恩（2015）基于宾州大学世界表 PWT8.1 的预测结果作为实际劳动生产率增长率的基准情形假设。

在基准情形的实际劳动生产率假设基础上，另外假设偏高和偏低两类劳动生产率，以此分别作为低成本情形和高成本情形的实际劳动生产率增长率假设。汇总三种情形下的实际劳动生产率增长率假设，如表5.4 所示。

表 5.4　　　　　　　　　实际劳动生产率增长率假设

年份	实际劳动生产率增长率（%）
2011	9.09
2012	7.33
2013	7.34
2014	6.94
2015	6.94
基准情形	
2016	6.87
2020	6.61
2025	5.75
2030	5.47
2035	5.00
2040	4.78
2045	4.48
2050	4.31
2080	4.31
2090	4.31

5 精算评估假设与方法

续表

年份	实际劳动生产率增长率（%）
低成本情形（2016—2025年加0.1%）	
2016	6.77
2020	6.51
2025	5.65
2030	5.47
2035	5.00
2040	4.78
2045	4.48
2050	4.31
2080	4.31
2090	4.31
高成本情形（2016—2025年减0.1%）	
2016	6.97
2020	6.71
2025	5.85
2030	5.47
2035	5.00
2040	4.78
2045	4.48
2050	4.31
2080	4.31
2090	4.31

5.2.2 通货膨胀率

未来消费者价格指数的变化直接影响到名义GDP水平、社会平均工资、社保基金缴费基数等因素，进而对社保基金收支产生影响。本报告假设在基准情形、低成本情形和高成本情形下，考察期内各年的通货膨胀率均保持2%的水平不变。

5.2.3 社会平均工资增长率

社会平均工资是"全社会所有职工工资总额与所有个体、私营业主净收入的总和"相对于"所有就业人员总数"的倍数。全社会平均工资增长率直接影响到社保基金的缴费额度和福利支出，是未来收支预测的关键参数。

从理论上说，在完全竞争市场条件下，劳动的边际产出等于劳动补偿，即工资与劳动生产率应该是一致的，其增长率也应该是一致的。而现实中，美国、欧洲、日本等发达国家和地区的工资增长率都低于劳动生产率增长率。

考虑中国的实际情况，《中共中央关于制定国民经济和社会发展第十二个五年规划的建议》首次提出"劳动报酬增长和劳动生产率提高同步"，随后又将其作为改善民生的一项具体方针写入党的十八大报告，也出现在2013年3月的政府工作报告之中，故而本报告假设社会平均工资增长率与名义劳动生产率增长率一致。

5.2.4 城镇就业人口结构及就业类别

按照我国《劳动法》的规定，参加工作的最低年龄为16岁。根据当前法定退休年龄的规定，一般男性退休年龄为60岁，女工人的退休年龄为50岁，女干部的退休年龄为55岁。本报告假设劳动力资源的年龄界限为16～60岁。其中，男性60岁以上、女性55岁以上的就业人员，人数较少且基本为返聘，故不予考虑。

我国只有在人口普查的年份才会公布城乡分年龄、性别的经济人口和总人口，因而通过第六次人口普查结果列示的分年龄、性别的城镇经济人口结构和当年的总人口结构估算2010年的城镇分年龄、性别的劳动力参与率。再结合每年国家统计局公布的《中国统计年鉴》中列示的分年龄、性别的失业率,就可以得到分年龄、性别的城镇就业人口结构。

根据《中国养老保险基金测算与管理》,2001—2010 年期间,随着我国经济的快速发展,越来越多的人选择自我雇用的就业形式,城镇单位职工在城镇就业职工中所占比重从 53.85% 下降至 37.16%,下降趋势自 2009 年起放缓;城镇个体、私营业者在城镇就业职工中所占比重则从 15.28% 上升至 30.38%,2009 年以来也基本保持平稳;而城镇单位职工与城镇个体、私营业者所占的总比重始终保持基本稳定。参照此前变动趋势,本报告假设从 2010 年开始,城镇单位职工在城镇就业人口中所占的比例趋于稳定,大致保持在 37.16%;为保持之前单位职工和个体私营业者总占比稳定持平的趋势,假设城镇个体、私营业者在城镇就业人员中所占的比例也趋于稳定,大致在 30.38%。由此分别确定三种就业模式下的城镇就业人口的结构。

《中国养老保险基金测算与管理》还列示了 2001—2010 年期间各年企业、事业、机关单位职工在城镇单位职工中所占的比重,三类单位职工所占比重均是基本保持稳定。因此,假设未来各年的企业、事业、机关单位职工在城镇单位职工中所占比重均保持 2010 年的水平不变,从而分别确定三类单位职工的人口结构,如表 5.5、表 5.6 所示。

表 5.5 2001—2010 年单位职工与个体私营业者占
城镇就业人口比重变化趋势 单位:%

项目	2001	2002	2003	2004	2005	2006	2007	2008	2009	2010
单位职工占比	53.85	50.51	42.78	46.01	44.61	41.64	40.25	38.53	37.67	37.16
个体、私营业者占比	15.28	17.22	19.20	20.83	22.82	23.51	25.49	27.20	29.38	30.38
二者总占比	69.13	67.74	61.98	66.84	67.43	65.15	65.74	65.73	67.04	67.54

表 5.6　　　　2001—2010 年城镇单位职工构成的变化趋势　　　　单位：%

项目	2001	2002	2003	2004	2005	2006	2007	2008	2009	2010
企业	70.23	69.61	65.39	68.31	67.87	67.91	67.88	67.50	67.80	67.98
事业	21.39	21.82	24.84	22.60	23.02	22.99	22.99	23.21	22.92	22.74
机关	8.38	8.57	9.77	9.09	9.11	9.10	9.13	9.29	9.28	9.28

5.2.5　城镇单位职工工资矩阵

我国各类官方统计年鉴均仅公开企业、事业、机关单位职工的平均工资，基本没有分年龄、性别的详细工资数据。本报告采用蒋云赟构建中国代际核算体系时估计的 2010 年三类单位分年龄、性别的工资矩阵和城镇单位职工分年龄、性别的工资矩阵，作为基年工资数据。

其中，蒋云赟对工资矩阵进行预测的基础主要源自 2004 年的城镇居民入户调查的原始数据，利用原始数据中涵盖的 1 万个家庭成员的年龄、性别和工资收入数据，计算同一年龄、性别的家庭成员平均工资收入，进而得到 2004 年分年龄、性别的城镇人均工资收入，再利用核加权局部多项式回归方法，对所得到的分年龄、性别的城镇人均工资收入数据进行平滑处理，插补缺失的数据，得到完整的 2004 年分年龄、性别的城镇职工工资矩阵。再以《中国统计年鉴（2011）》公布的 2005—2010 年期间各年的城镇居民人均年可支配收入的增长率，作为各年的分年龄、性别的城镇人均工资收入增长率，估算得到 2010 年分年龄、性别的城镇人均工资收入。最后，再通过 2010 年的分年龄、性别、单位类型的职工人口数据和三类单位的平均工资，对分年龄、性别的城镇人均工资收入进行校准，得到 2010 年分年龄、性别的三类单位职工工资矩阵；并根据各类单位的职工人数和在岗职工平均工资数据校准得到 2010 年城镇单位职工分年龄、性别的工资矩阵。

5 精算评估假设与方法

表 5.7 2010年城镇单位职工分年龄、性别的工资矩阵 单位：元、岁

年龄	男性	女性	年龄	男性	女性	年龄	男性	女性
16	10001	6628	44	47650	27172	72	37148	6381
17	13848	11031	45	47453	26202	73	37524	6600
18	17440	14822	46	47209	25186	74	37920	6844
19	20739	18053	47	46889	24109	75	38382	7118
20	23777	20793	48	46501	22931	76	38961	7402
21	26540	23107	49	46075	21671	77	39561	7694
22	29064	25019	50	45615	20375	78	40285	8169
23	31422	26630	51	45121	19046	79	40887	8609
24	33620	27955	52	44546	17711	80	41361	9030
25	35685	29047	53	43921	16368	81	41692	9410
26	37600	29961	54	43258	15039	82	41877	9762
27	39346	30676	55	42577	13758	83	41889	10087
28	40902	31253	56	41913	12540	84	41765	10390
29	42277	31731	57	41274	11400	85	41471	10666
30	43473	32140	58	40634	10357	86	40985	10910
31	44507	32474	59	39998	9394	87	40268	11096
32	45388	32702	60	39414	8540	88	39313	11212
33	46106	32820	61	38797	7825	89	38110	11244
34	46735	32835	62	38219	7225	90	36643	11174
35	47254	32759	63	37724	6690	91	34890	10980
36	47637	32565	64	37332	6283	92	32813	10639
37	47898	32218	65	37045	6006	93	30378	10126
38	48037	31713	66	36859	5770	94	27586	9419
39	48106	31108	67	36763	5648	95	24399	8484
40	48113	30440	68	36597	5676	96	20773	7275
41	48067	29724	69	36489	5765	97	16695	5741
42	47970	28914	70	36511	5920	98	12219	3876
43	47822	28062	71	36766	6165	99	7392	1608

5.2.6 贴现率

按照 Simus（1955）和 Aaron（1966）的研究，现收现付制与积累制之间进行转换的临界条件是人口自然增长率加上社会平均工资增长率等于它的积累制度下资产的内部收益率。从长期来看，劳动人口占总人口的比例在下降，因此，名义 GDP 增长率约等于人口自然增长率加名义劳动生产率增长率加劳动参与率增长率，再假设社会平均工资增长率按照名义劳动生产率增长率进行增长，那么，内部收益率等于名义 GDP 增长率，用于贴现。三种情形下的各期名义 GDP 假设如表 5.8 所示。

表 5.8　　名义 GDP 增长率假设　　单位：%

年份	名义 GDP 增长率
2011	11.6358
2012	9.9109
2013	9.9460
2014	9.5687
2015	9.5825
基准情形	
2016	9.5532
2020	9.1412
2025	7.9652
2030	7.5008
2035	6.9087
2040	6.6219
2045	6.2463
2050	5.9466
2060	5.7791
2080	5.8556
2090	5.9099

5 精算评估假设与方法

续表

年份	名义GDP增长率
低成本情形	
2016	9.6566
2020	9.1225
2025	8.0028
2030	7.4822
2035	6.9335
2040	6.6985
2045	6.3661
2050	6.1027
2060	6.0184
2080	6.2634
2090	6.3530
高成本情形	
2016	9.4532
2020	9.1403
2025	7.9271
2030	7.5345
2035	6.9040
2040	6.5664
2045	6.1350
2050	5.8032
2060	5.5649
2080	5.4385
2090	5.4278

5.3 基本养老保险相关假设

在预测未来基本养老保险基金收支时，除了人口统计相关假设、经济环境相关假设之外，还要考虑到基本养老保险相关参数的假设，这些参数的假设主要影响到基本养老保险缴费人口、受益人口，以及人均缴费、福利支出水平等，进而决定了基本养老保险基金的收支规模。

我国基本养老保险体系包括城镇职工基本养老保险和居民基本养老保险两类。根据城镇职工就业单位类型的不同，可以进一步将城镇职工基本养老保险划分为城镇企业职工养老保险和城镇机关事业单位职工养老保险（其中，外出就业、而未在原籍参加新农保的农民工可选择参加城镇职工养老保险，将这部分参保农民工划入城镇企业职工类别合并考虑）。根据居民所属地域类型，可以将居民基本养老保险划分为城镇居民养老保险和新型农村养老保险。城镇居民养老保险覆盖人员包括年满16周岁（不含在校学生）、不符合职工基本养老保险参保条件的城镇非从业居民；新型农村养老保险覆盖人口包括年满16周岁（不含在校学生）、未参加城镇职工基本养老保险的农村居民。

下面针对这些险种给出它们的收入与支出计算公式。

设 n 年度，i 年龄，s 性别，j 就业状态（企业、机关事业单位、个体私营），k 城乡。

（1）收入测算方式

$$城镇职工基本养老保险年缴费 = \sum_{i,j,s,n} c_{ijsn} A_{ijsn} R_{ijsn} x_{ijsn} w_{ijsn} h_{jn};$$

式中，A_{ijsn} 为目标人口，c_{ijsn} 为参保率，R_{ijsn} 为实际缴费人口占比，x_{ijsn} 为缴费基数，w_{ijsn} 为缴费率，h_{jn} 为收缴率。

$$居民基本养老保险年缴费 = \sum_{i,k,s,n} c_{iksn} B_{iksn} (G_{iksn} + I_{iksn});$$

5 精算评估假设与方法

式中，B_{iksn} 为目标人口，c_{iksn} 为参保率，G_{iksn} 为人均政府补贴，I_{iksn} 为个人缴费。

（2）支出测算方式

$$\text{统筹体系退休人员养老金} = \sum_{i,k,s,n} 12 \times \left(qx_{kn} + \frac{P_{iksn}}{139}\right) J_{iksn};$$

式中，J_{iksn} 为退休人口，x_{kn} 为地区平均工资水平，q 为计发标准，P_{iksn} 为个人账户储存额。

$$\text{未从统筹体系退休人员养老金} = \sum_{i,j,s,n} 12 \times s_{ijsn} y_{ijsn} Q_{ijsn};$$

式中，Q_{ijsn} 为退休人口，y_{ijsn} 为职工理论退休金，s_{ijsn} 为人均养老金相对于理论退休金的比率。

5.3.1 城镇企业职工（含其他、农民工）养老保险

以个体、私营业者等其他方式就业的城镇人员主要是下岗企业职工，这部分人员的参保身份多数游离在个体就业人员、企业职工之间，难以明确区分。我国自2003年起将"企业"和"其他类"城镇职工养老保险参保人数合并公布，本报告也将统一考虑这两类人员。

对于外出就业的农民工而言，基于其就业特点，2009年颁布的《农民工参加基本养老保险办法（摘要）》和《城镇企业职工基本养老保险关系转移接续暂行办法》，按照低费率、广覆盖、可转移和能衔接的要求，对其参加基本养老保险的办法做出了明确规定。农民工养老保险覆盖人口包括在城镇就业并与用人单位建立劳动关系的农民工。可以认为：在就业单位性质方面，外出就业农民工可以划入企业职工范畴。人社部公布的《中国社会保险发展年度报告》也将参保农民工纳入参保企业职工范畴，一并进行统计。据此，本报告将未在原籍参加新农保的参保农民工纳入城镇企业职工养老保险参保人员范围内考虑。

综合上述分析，本部分"城镇企业职工基本养老保险"目标人口包括

三类：纯企业职工、以个体私营方式就业的其他人员、未在原籍参加新农保而在城镇参保的农民工。

5.3.1.1 参保率

《中国统计年鉴》公布的基本养老保险参保人数统计口径包括按照国家法律、法规和有关政策规定参加基本养老保险的全部职工，其中涵盖了不能正常缴费、已中断缴费但尚未终止保险关系的职工。因此从2001年起，参加养老保险的企业职工就超过了企业职工人数，本报告假设企业职工养老保险实现全面覆盖，参保率达100%。

《中国社会保险发展年度报告》（2010—2015年）公布的企业职工（含其他）基本养老保险参保人员将"未在原籍参加新农保而在城镇参保的农民工"纳入其中。考虑到我国2009年才对农民工参加基本养老保险的相关办法作出明确规定，依据15年缴费年限，截至2015年，尚无参保农民工退休，故而假设《中国社会保险发展年度报告》公布的参保农民工均处在缴费阶段。

根据《中国社会保险发展年度报告》公布的参保在职职工人数、参保农民工人数，以及推算得到的纯企业在职职工人数（纯企业参保职工人数），可以得到以其他方式就业的参保人员数目，据此推算得到以其他方式就业人员的参保率。可以发现2010—2015年期间其他方式就业人员的参保率从43.10%增至81.69%，年均增长7.7个百分点，且近年来增速显著放缓。据此，假设2016—2020年期间其他方式就业人员参保率匀速增长，到2020年实现100%参保，如图5.1、图5.2所示。

为了简便计算，本报告通过"未在原籍参加新农保而在城镇参保的农民工"相对于城镇就业年龄段人口的比重，直接得到"未在原籍参加新农保而在城镇参保的农民工"人数。2010—2015年期间，该比重平均每年增长0.78个百分点，2014年和2015年基本一致，假设未来各年"未在原籍参加新农保而在城镇参保的农民工"相对于城镇就业年龄段人口的比重未来长期保持11%的水平不变，如图5.3所示。

5 精算评估假设与方法

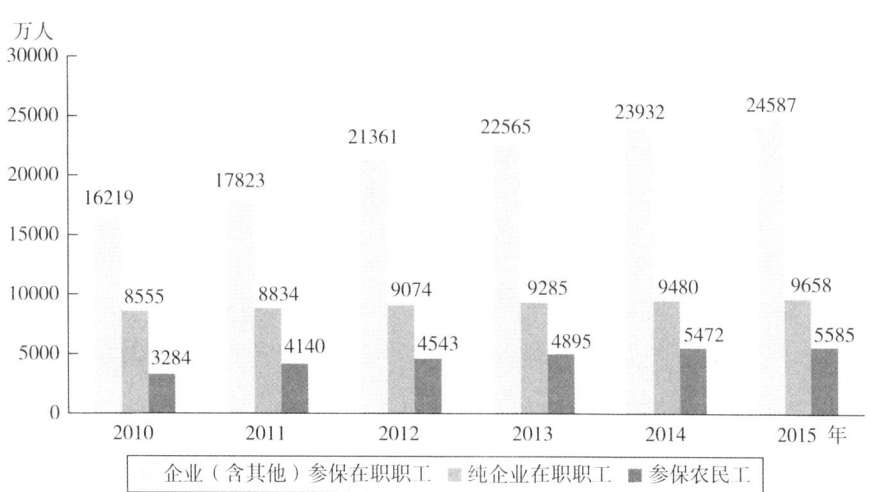

图5.1 纯企业职工、农民工参保人口

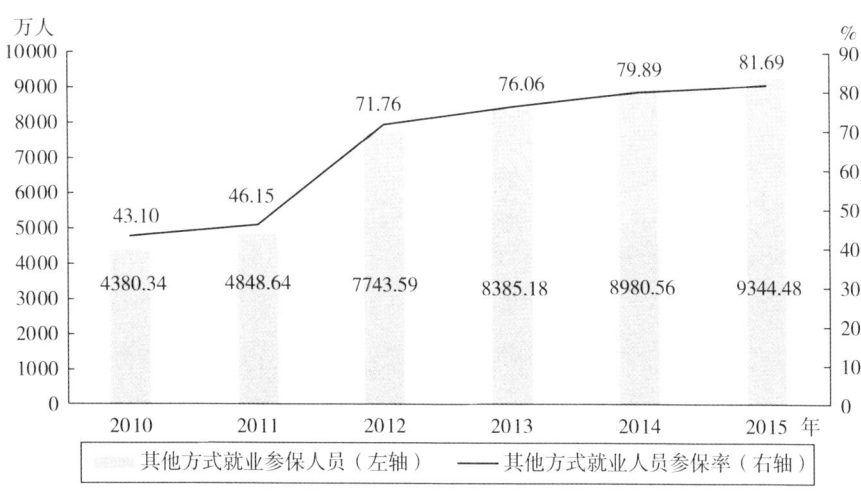

图5.2 其他方式就业的参保人口及其参保率

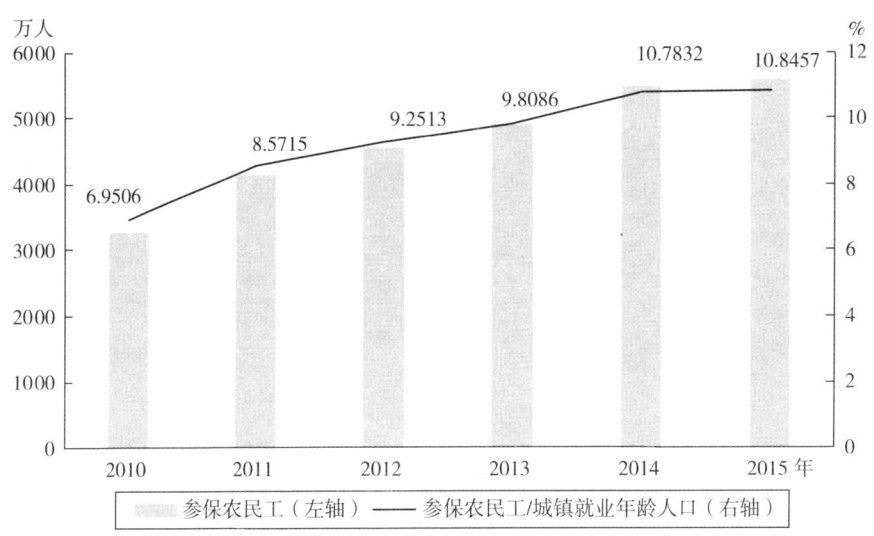

图 5.3 参保农民工及其在城镇就业年龄人口中所占比重

5.3.1.2 缴费基数

根据《国务院关于深化企业职工养老保险制度改革的通知》，职工个人缴费工资基数是职工本人上年度的月平均工资，在计算个人缴费时，职工个人月平均工资超过当地职工平均工资 200% 或 300% 以上的部分，不计入个人缴费工资基数；低于当地职工平均工资 60% 的，按 60% 计入。假设纯企业职工和以其他方式就业人员的缴费基数均为对应年龄、性别的企业职工平均工资。

对于"未在原籍参加新农保而在城镇参保的农民工"而言，根据卢锋（2012）整理的农民工 1979—2010 年期间的工资水平，2010 年时，农民工月平均工资为 1690 元；而当年城镇职工年均工资为 37147 元，农民工平均工资水平低于城镇职工平均工资水平的 60%，据此，假定"未在原籍参加新农保而在城镇参保的农民工"的缴费基数为城镇职工平均工资的 60%。

5.3.1.3 缴费率

《国务院关于建立统一的企业职工基本养老保险制度的决定》（国发

〔1997〕26号）明确提出，20世纪末建立社会统筹和个人账户相结合的基本养老保险体系。《国务院关于完善企业职工基本养老保险制度的决定》（国发〔2005〕38号）再次对统账结合制度的推行予以肯定，并具体规定：企业缴费比例不超过企业工资总额的20%，个人缴费比例为本人缴费工资的8%，个人缴费全部进入个人账户。本报告根据国发〔2005〕38号文的规定，设定纯企业职工和以其他方式就业人员的缴费率为：企业20%、个人8%，企业和个人缴费分别进入统筹账户和个人账户。

《农民工参加基本养老保险办法（摘要）》规定，用人单位和农民工个人共同承担缴费义务，单位缴费比例为12%、农民工个人缴费比例为4%~8%，由其所在用人单位从个人工资中代扣代缴，并全部计入个人账户。假设单位缴费比例为12%、农民工个人缴费比例为8%，个人缴费全部进入个人账户。

5.3.1.4 企业职工（含其他、农民工）受益人口

根据国发〔1997〕26号文的规定：1996年底前退休的企业职工均属于企业"老人"；1997年之后参加工作的企业职工属于企业"新人"；1996年底之前参加工作、之后退休的企业职工属于企业"中人"。根据规定，企业"老人"仍采用老办法发放养老金；企业"新人"根据改革后的养老金计发办法发放养老金，包括个人账户养老金和统筹账户养老金两个部分；企业"中人"在新办法计发养老金的基础上，发放具有补偿性的过渡性养老金，以确保该类职工的利益不会因制度的改革受损，确保制度转轨平稳运行。基于养老金发放办法，本报告将企业职工（含其他）基本养老保险受益人口划分为两类，假设企业"老人"与企业"中人"养老金发放标准一致，企业"新人"的养老金发放则完全采用新办法测算。

根据人力资源和社会保障部（1997）和世界银行（2001）的调查，男性平均工作27年56岁退休，女性平均工作20年50岁退休，本报告假设企业"新人"开始工作年龄为29岁，结束工作年龄为法定退休年龄（男

性 60 岁、女干部 55 岁、女职工 50 岁），即 2010 年 41 岁及以下在职企业职工为企业"新人"。

2010 年时，企业"新人"尚未满足 15 年缴费年限，因而当年从企业职工（含其他）养老保险体系退休的人员均为"老人"和"中人"。利用第六次人口普查公布的城市、镇和乡村分年龄、性别领取离退休养老金的人口结构，作为 2010 年已退休企业"老人和中人"分布，进而得到 2010 年已退休企业"老人和中人"人口结构。2010 年在职职工包括企业"中人"和企业"新人"，其中 41 岁以上在职职工即为在职企业"中人"，未来逐年将新退休的企业"中人"加入退休企业"老人和中人"部分。

5.3.1.5 养老金发放标准

本报告假设企业"老人和中人"的养老金发放依据企业职工（含其他）的退休金矩阵确定。企业"新人"养老金包括基础养老金和个人账户养老金两个部分。基础养老金方面，以当地上年度在岗职工月平均工资为缴费基数，男性、女干部、女职工的领取比例分别为 31%、26%、21%；个人账户养老金方面，月标准发放额度为个人账户储存额除以计发月数，各退休年龄的计发月数采用国发〔2005〕38 号文公布的结果。

农民工的养老金待遇发放与企业"新人"相似，包括基础养老金和个人账户养老金两个部分。参照国发〔2005〕38 号文，假设农民工的基础养老金月标准等于上年度城镇职工平均工资和农民工平均缴费基数的算术平均值，进而得到农民工基础养老金的月标准为上年度城镇职工月平均工资的 80%。个人账户养老金月标准则由个人账户储存额除以 139 确定。

5.3.2 城镇机关事业单位职工养老保险

自国发〔1997〕26 号文颁布以来，企业职工基本养老保险改革在全国范围内展开，为与之配合，机关事业单位养老保险制度改革也开始逐步推行。《国务院关于机关事业单位工作人员养老保险制度改革的决定》（国发

〔2015〕2号）正式明确，自2014年10月1日起，开始在全国实施"统账结合"的机关事业单位职工养老保险制度，改革范围包含适用于公务员法管理的单位、参照公务员法管理的机关（单位）、事业单位及其编制内的工作人员。出于数据获取的考虑，本报告假设"统账结合"新制度自2015年1月1日起正式推行，2014年底的3个月忽略不计。

5.3.2.1 参保率

2003—2010年期间，机关、事业单位职工纳入养老保险统筹的参保率增长缓慢，基本稳定在35%~38%的范围内，其间，2008年出台的《事业单位工作人员养老保险制度改革试点方案》并没有对参保率的提升产生显著影响。因此，本报告假设，在2015年的改革方案正式推出之前，参保率始终保持38.4%的水平不变；从2015年开始，机关单位100%参保，事业单位70%参保（全国公益性和经营服务类事业单位全部纳入统筹）。

5.3.2.2 缴费基数与缴费率

根据《国务院关于机关事业单位工作人员养老保险制度改革的决定》，纳入统筹的机关事业单位职工基本养老保险缴费由单位和个人共同承担。单位以本单位工资总额为缴费基数，每年按本单位工资总额的20%缴费；个人则以本人缴费工资为基数，按照本人缴费工资的8%缴费。单位缴费部分进入统筹账户、个人缴费部分进入个人账户。其中，个人工资超过所在地区上年度在岗职工平均工资300%以上的部分，不计入个人缴费工资基数；低于所在地区上年度在岗职工平均工资60%的，仅按照所在地区在岗职工平均工资的60%作为缴费基数。

5.3.2.3 受益人口

根据国发〔2015〕2号文规定：此决定实施前已经退休的人为单位"老人"；文件实施后参加工作的人为单位"新人"；决定实施前参加工作、实施后退休的人为单位"中人"。根据该规定，单位"老人"仍继续按照国家规定的原待遇标准发放基本养老保险金，同时执行基本养老保险调整办法；单位"新人"按月领取的基本养老金包括基础养老金和个人账户养老金两部分；单位"中人"在按照新办法发放基础养老金和个人账户养老金的基础上，发放补偿性的过渡性养老金，确保合理衔接、制度改革平稳过渡。

由于机关事业单位职工基本养老保险制度改革的渐进性（自1997年开始逐步推行制度改革，2015年初正式出台全国范围的改革办法）和部分性（部分事业单位职工参保办法不参与改革，未来仍不纳入统筹体系），本报告将对2014年底前后退休的人员分别进行考虑，而对2015年及以后仍不从统筹体系退休的单位职工单独考虑。

对于2014年底之前退休的人员而言，据统计，截至2014年底，纳入统筹的机关事业单位离退休人员共579万人，以38.4%的参保率反向估计，可以推知2014年底前未被纳入统筹的机关事业单位离退休人员共计928.8万人。分别假设这两类退休人员的人口结构均与第六次人口普查结果公布的领取退休金人员年龄分布情况一致。

2014年底之后退休的人员，若参与基本养老保险制度改革，即未来从统筹体系退休，单位"中人"包含2015年时30岁及以上的参保的单位在职职工，其余参保的单位在职职工则确认为单位"新人"；若改革后仍不纳入统筹体系，即对应未参保的机关事业单位在职职工。

5.3.2.4 养老金发放标准

2014年底前退休的人员，若为从统筹体系退休，其领取的退休金依据工资矩阵的一定比例确定。根据2010年纳入统筹的机关事业单位退休人员总数493.4万人、第六次人口普查公布的2010年领取退休金的人员年龄分布结构、2010年机关事业单位工资矩阵，估计2010年退休金支付总额的理论值为1231.1亿元，而实际基金支出额（1145亿元）占该理论值的93%，故而假设2010年时，纳入统筹的机关事业单位退休人员领取的退休金额度相对于工资额度的比例为93%，并假设2014年该比例与2010年保持一致。假设未来各年从统筹体系退休的机关事业单位退休人员分年龄、性别的退休金在2014年的基础上按照社会平均工资增长率增长。

若未从统筹体系退休,根据 2010 年未被纳入统筹的机关事业单位退休人员总数 791.2 万人,第六次人口普查公布的领取退休金的人口结构、2010 年机关事业单位工资矩阵,估计 2010 年退休金理论支付额为 1974.6 亿元,而《中国财政年鉴 2011》公布的 2010 年行政事业单位离退休实际支出总额(2351.59 亿元)是该理论值的 1.2 倍,故而假设 2010 年时,未被纳入统筹的机关事业单位退休人员领取的退休金额度相对于工资额度的倍数为 1.2,并假设 2014 年该比例与 2010 年保持一致。假设未来各年该部分人员分年龄、性别的退休金在 2014 年的基础上按照社会平均工资增长率增长。

2015 年及以后仍不从统筹体系退休的机关事业单位人员,仍按照此前的老办法发放养老金,测算方式也与前述基本一致。

2015 年及以后从统筹体系退休的机关事业单位人员,若为单位"新人",发放基础养老金与个人账户养老金,其中,基础养老金的发放基础为平均月工资,发放比例为男性 31%、女性 26%;个人账户养老金为个人账户总额除以计发月数。若为单位"中人",在发放基础养老金、个人账户养老金的基础上,补偿发放过渡性养老金,以使"中人"能和"老人"、"新人"的养老金较好衔接,不会在体制改革中遭受过多损失。本报告仍假设"中人"与体制改革前已纳入统筹的机关事业单位"老人"享有同等水平的养老金。

5.3.3 新型农村养老保险

2009 年国务院颁布《关于开展新型农村社会养老保险试点的指导意见》(国发〔2009〕32 号),开始在部分农村地区进行新农保试点。人力资源和社会保障部新闻发言人尹成基在 2011 年第四季度新闻发布会上表示,计划在 2012 年实现"新农保"的全面覆盖。实际上根据《中国社会保险发展年度报告》公布的数据,2010—2015 年期间,新农保实际参保缴费年龄段人口从 7414 万人增至 3.37 亿人,以 16~59 岁为目标人口,到

2015年实际参保率达到90.67%。考虑到随着农村人口受教育程度的提高，未来受高等教育的农村居民人数增加，16岁以上学生存在不需参保缴费的问题，因而假设：未来各年"新农保"缴费年龄段人口的参保率保持91%的水平不变。退休年龄段人口参保率从2010年的23.69%快速增加，到2014年基本达到100%。

缴费方面，"新农保"在"老农保"的基础上增加了政府责任，由"政府、集体、个人"三方共同出资，构成"新农保"参保人员个人账户资金来源。根据国发〔2009〕32号文的规定：个人缴费标准设有每年100元、200元、300元、400元、500元五个档次，由参保人员自主选择缴费档次；有条件的村集体可以自主选择对参保人缴费给予适度的补助；政府补贴标准为每人每年不低于30元，对高标准缴费的参保人员可适度提高补贴额度，给予一定的激励。2010年"新农保"参保人员共7414万人，个人缴费总额为225亿元，平均人均缴纳300元。本报告据此假设，在基准情形下，2010年个人缴费为每年300元，未来个人缴费将按照劳动生产率增长率增长。

支出方面，根据国发〔2009〕32号文的规定："新农保"受益人口包括年满60岁、未享受城镇职工基本养老保险福利的农村户籍老人。发放的养老金由基础养老金和个人账户养老金两部分组成，其中，基础养老金由中央政府承担，发放标准为每人每月55元，地方政府可对长期缴费的农村居民酌情适度增发基础养老金；个人账户养老金的月计发标准由个人账户储存总额除以139确定。本报告假设，在基准情形下，2010年的基础养老金发放标准为每月58元，未来每年按劳动生产率增长率增长；个人账户基金对应的保值率为劳动生产率增长率。

5.3.4 城镇居民养老保险

2011年国务院发布《关于开展城镇居民社会养老保险试点的指导意见》（国发〔2011〕18号），自2011年7月1日开始启动城镇居民养老保

5 精算评估假设与方法

险试点,根据《中国社会保险发展年度报告》公布的城镇居民养老保险参保缴费年龄段人口与退休人口数据,对比城镇未就业居民人口数据,可以发现:2011年城居保试点启动当年,缴费年龄段参保率为4.33%,未来几年内快速增长,到2015年达到18%。假设2016—2025年期间,各年缴费年龄段人口的参保率匀速增长,到2025年60岁以下城镇居民实现全面覆盖。退休年龄段人口参保率从2011年的7.31%增加到2014年达到43.44%。同样假设该比率在2016—2025年期间匀速增长,到2025年基本实现100%覆盖。

缴费方面,与"新农保"相似,"城居保"的缴费主要由个人缴费和政府补贴两部分构成。根据国发〔2011〕18号文的规定:城镇居民养老保险的个人缴费标准目前设有每年100元、200元、300元、400元、500元、600元、700元、800元、900元、1000元十个档次,由参保人员自主选择缴费档次。地方政府为每个参保人员给予缴费补贴,最低补贴标准为每人每年30元,还应对个人缴费档次较高的参保人员给予适当激励。个人缴费与地方政府缴费补贴全部进入个人账户,个人账户储存额每年参考中国人民银行公布的金融机构人民币一年期存款利率计息。2011年"城居保"试点地区参保人数共539万人,其中304万人缴费,当年"城居保"基金收入40亿元,其中个人缴费总额6亿元,平均人均缴纳197元。本报告据此假设,在基准情形下,从2012年开始,年均个人缴费将按照劳动生产率增长率增长。

支出方面,根据国发〔2011〕18号文的规定:"城居保"的受益人口包括年满60周岁、不符合职工基本养老保险参保条件的城镇非从业居民。养老金待遇由基础养老金和个人账户养老金两部分构成。中央政府发放基础养老金,标准为每人每月55元,地方政府可根据实际酌情增发基础养老金;个人账户养老金的月计发标准为个人账户储存额除以139。本报告假设2011年的基础养老金发放标准为每月80元,未来每年按劳动生产率增长率增长;个人账户基金对应的保值率为劳动生产率增长率。

5.3.5 校准：基本养老保险相关参数

根据人力资源和社会保障部社会保险事业管理中心公布的《中国社会保险发展年度报告》（2013—2015年）中的实际数据，对此前作出的基本养老保险相关参数假设进行校准，以确保预测的真实、准确性。

根据《中国社会保险发展年度报告》公布的数据，下面分别对城镇职工基本养老保险和城乡居民基本养老保险的相关参数假设进行校准。

5.3.5.1 城镇职工基本养老保险

在城镇职工基本养老保险方面，《中国社会保险发展年度报告》仅针对企业职工（含其他、农民工）进行了详细介绍，其中包括农民工基本养老保险，本报告将依据"年度报告"详细列示的部分进行参数校准。

（1）企业职工（含其他）基本养老保险实际缴费人口占比

根据《中国社会保险发展年度报告》对企业职工（含其他）基本养老保险缴费人员情况的介绍，可以发现企业职工（含其他）基本养老保险缴费人员占参保人员的比重近年来持续下降，且缴费人员增速显著低于参保人员增速，如图5.5所示。实际缴费人员与参保人员的差距导致实际缴费数额的偏差，故而本报告引入参数"实际缴费人口占比"来校准实际缴费人数。

图5.4中的"缴费人口占比"反映的是以企业职工（含其他）基本养老保险所有目标人口为基数的缴费人口占比，基数包含纯企业职工、以其他方式就业的城镇人员、参保农民工。现实中，参保但未缴费的人员主要集中在城镇部分，进而可以认为图5.4中的缴费人口占比高于实际"纯企业职工和其他"部分的缴费人口占比。

若假设参保农民工全部缴费、且参保农民工全部处于缴费年龄段，可以得到2010—2015年期间，"纯企业职工和其他"部分的缴费人口占比从93.76%降至74.44%。由于现实中存在参保农民工未缴费的情况，可以认为这种极端情形下的缴费人口占比低于实际水平。

5 精算评估假设与方法

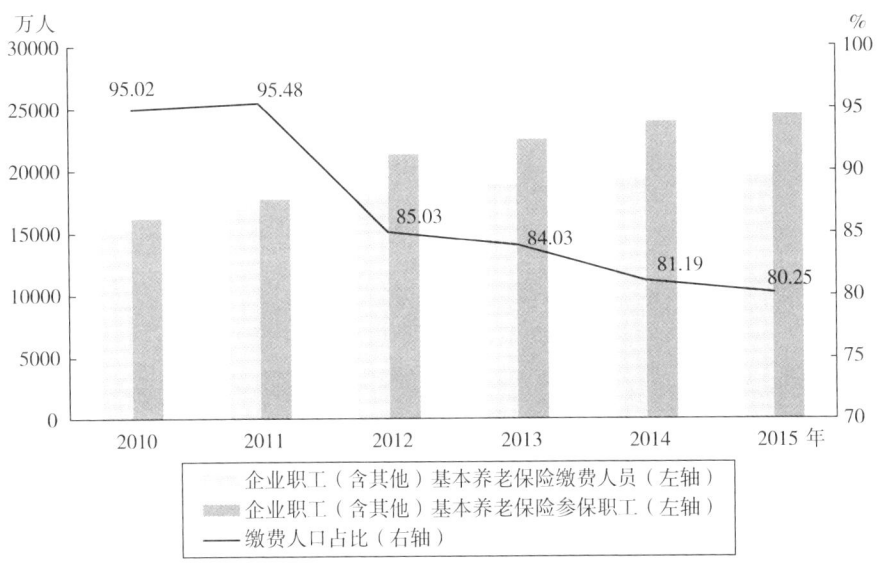

图 5.4 企业职工（含其他）缴费人员情况

本报告取上述两种情况下"纯企业职工和其他"部分缴费人口占比的中间水平，作为实际缴费人口占比假设，预计该比率从2010年的94.39%降至2015年的77.35%，之后长期保持在77%的水平不变。

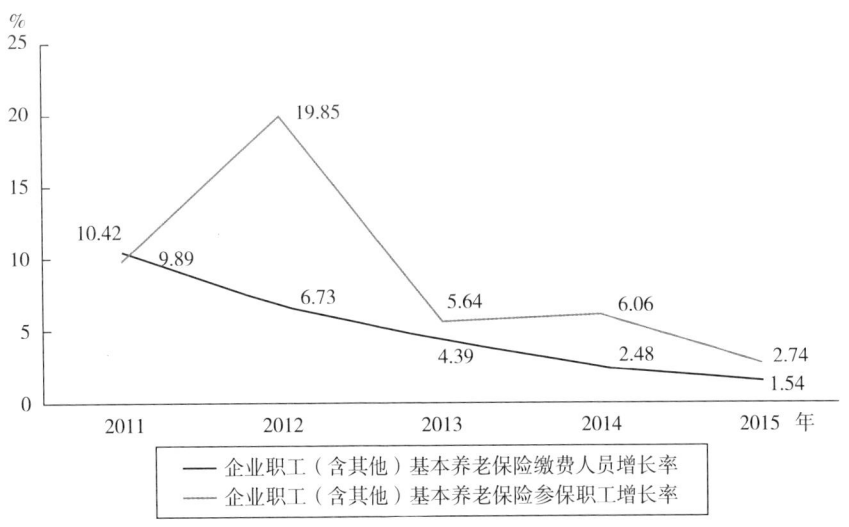

图 5.5 企业职工（含其他）基本养老保险参保及缴费人员增长率

（2）企业职工（含其他、农民工）基本养老保险实际收缴率

利用农民工参保人口结构、对应年龄性别的农民工工资矩阵以及农民工缴费办法，可以测算得到农民工各年缴费的理论值。考虑到"未在原籍参加新农保而在城镇参保的农民工"本身占比较小，仅有少数外出就业的农民工会选择在城镇参保，这部分人基本按照规定完成缴费。假设"未在原籍参加新农保而在城镇参保的农民工"实际收缴率为100%。

根据《中国社会保险发展年度报告》公布的企业职工（含其他、农民工）基本养老保险各年征缴收入，扣减"未在原籍参加新农保而在城镇参保的农民工"理论缴费额（假设即为实际征缴所得），进而得到各年的"纯企业职工和以其他方式就业人员"的实际缴费总额。对比依据城镇企业职工分年龄性别的工资矩阵、分年龄性别的在职企业职工（含其他）参保人口结构以及城镇企业职工养老保险缴费办法，测算得到的"纯企业职工和以其他方式就业人员"理论缴费总额。2010—2015年期间实际实现的收缴率如图5.6、图5.7所示，2013—2015年期间，收缴率基本稳定在71%左右，取三年实际收缴率均值71.18%，作为未来各年预期收缴率假设。

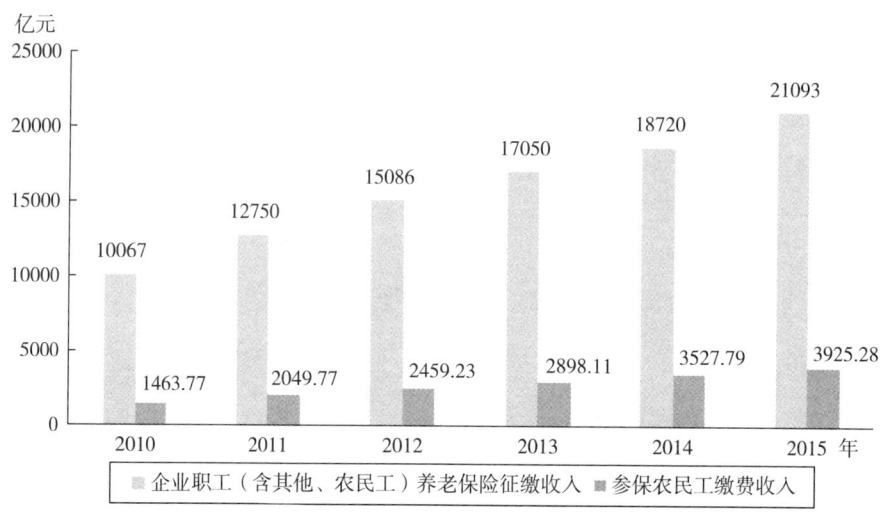

图5.6　企业职工基本养老保险总缴费及参保农民工缴费

5 精算评估假设与方法

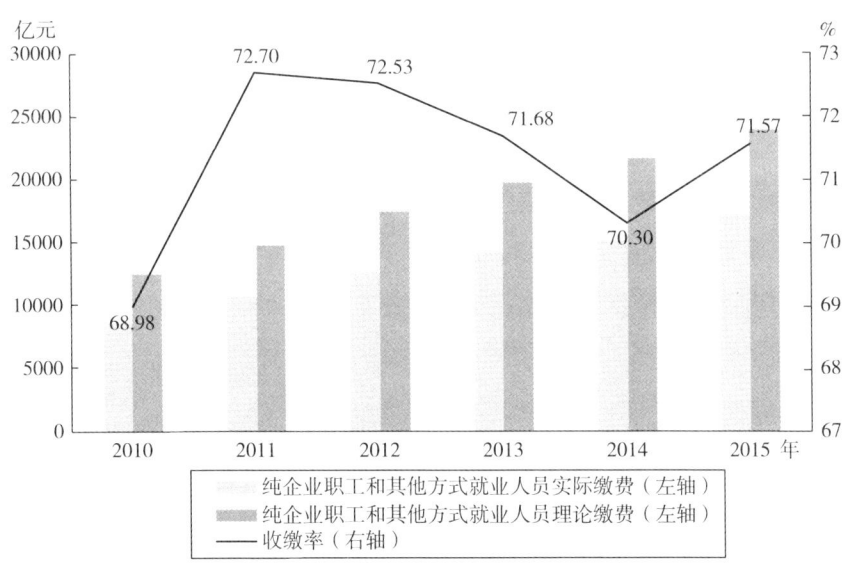

图 5.7 纯企业职工和其他方式就业人员缴费及收缴率

(3) 企业职工（含其他）"老人、中人"养老金发放标准

截至 2015 年，参保农民工均未达到 15 年缴费年限；29 岁开始参加工作的企业职工（含其他）"新人"，也未达到法定退休年龄。因此，假设《中国社会保险发展年度报告》公布的 2010—2015 年期间企业职工（含其他、农民工）基本养老保险的养老金支出，全部用于支付企业职工（含其他）"老人、中人"养老金，进而得到 2010—2015 年期间的各年企业职工（含其他）"老人、中人"养老金实际发放数额。对比企业职工（含其他）的退休金矩阵确定的各年企业职工（含其他）"老人、中人"养老金理论发放数额，推算得到企业职工（含其他）"老人、中人"的分年龄、性别人均养老金相对于对应年龄性别企业职工退休金的比率，以此校准企业职工（含其他）"老人、中人"实际养老金发放标准。

可以看到：2010—2015 年期间，企业职工（含其他）"老人、中人"实际人均养老金相对于理论退休金的比重从 70.73% 增至 75.14%，2014—2015 年期间该比重基本保持稳定。假设未来各年保持 75.2% 的水平不变，如图 5.8 所示。

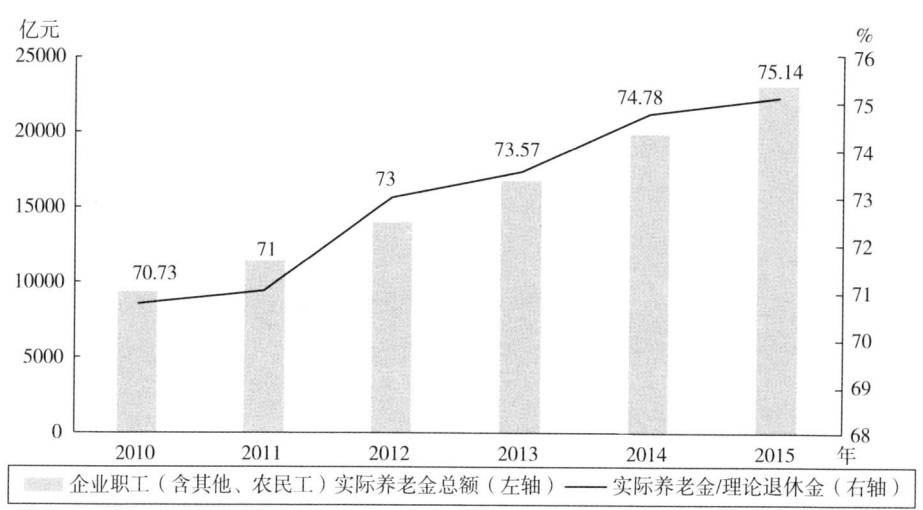

图 5.8　实际养老金及其相对于理论值的比率

（4）机关事业单位职工基本养老保险实际收缴率

利用机关、事业单位职工分年龄、性别的工资矩阵，分年龄、性别的机关事业单位职工参保人口结构，以及相应的养老保险缴费标准，可以测算得到2010年的机关事业单位职工养老保险理论缴费总额为1708.4亿元。而2010年机关事业单位职工养老保险基金实际收入1201.1亿元，扣减财政补贴后的实际缴费收入为1042亿元，即2010年机关事业单位职工养老保险基金收缴率为61%。考虑到我国机关事业单位仍存在较为严重的工资总额瞒报现象，假定2010—2014年期间，各年机关事业单位职工实际收缴率均保持61%的水平不变。随着机关事业单位职工养老保险制度的改革，假设从2015年开始，机关、事业单位职工实际收缴率分别达到100%、70%，并在未来长期保持该水平不变。

5.3.5.2　城乡居民基本养老保险

（1）城乡居民基本养老保险实际缴费人口占比

随着参保人员观念的转变，近年来，居民养老保险开始面临与城镇职工基本养老保险相似的问题，即部分参保人员未缴费。根据《中国社会保险发展年度报告》公布的数据，从2014年开始，"新农保"实际缴费人口开始低于参保就业年龄段人口，当年实际缴费人口占比为87.31%，到2015年该比率跌至87%，假设未来该比率将保持在86%的水平不变。

"城居保"自2011年开始，便一直存在部分参保缴费年龄段人口未缴费的问题，当年实际缴费人口占比90%，到2015年降至86%，下降速度基本较为缓慢，假设从2016年开始，该比率始终保持85%的水平不变。

（2）居民养老保险参保人员实际人均缴费

根据前文的假设，在2010—2015年期间，以实际缴费人口测算得到的居民基本养老保险实际个人缴费总额显著高于真实水平。可以认为是这6年里的实际人均缴费金额并未简单地按照劳动生产率增长率增长，根据实际个人总缴费数据对人均实际缴费额度进行校准，得到2010—2015年期间各年的人均实际缴费标准。到2015年的城乡居民养老保险参保人员实际人均缴费分别为230.86元/年、279.49元/年，假设未来人均实际缴费按照劳动生产率增长率增长。

5.3.6 基本养老保险参数假设汇总

根据前文的假设分析，将城镇企业职工（含其他、农民工）基本养老保险、城镇机关事业单位职工基本养老保险、新型农村养老保险、城镇居民基本养老保险的收支相关参数假设进行汇总整理。

城镇企业职工（含其他、农民工）目标人口包括城镇纯企业职工、以个体私营等其他方式就业的人员、未在原籍参加新农保的参保农民工。该类险种的目标人口均为城镇就业人员，退休年龄分别为男性60岁、女干部55岁、女职工50岁。城镇纯企业职工和以其他方式就业人员的缴费率分别为企业单位缴费20%、个人缴费8%；农民工缴费率分别为用人单位缴费12%、个人缴费8%。对于城镇企业职工（含其他、农民工）而言，纯企业职工和其他的"老人、中人"采用老办法发放养老金；其余人员采用新办法发放养老金，包括基础养老金和个人账户养老金两部分。

中国社会保险基金精算研究报告（2016）

城镇机关事业单位职工目标人口包括纳入统筹体系的城镇机关事业单位职工，退休年龄分别为男性60岁、女性55岁。本报告测算的收支仅包括纳入统筹体系人员的部分，对于机关事业单位养老保险制度改革前后均未纳入统筹体系的人员而言，其养老保险收支不在本报告的测算范围之内。参保职工缴费基数为机关事业单位职工平均工资，缴费率分别为单位缴费20%、个人缴费8%。2015年及以后从统筹体系退休的人员，养老金按照新办法发放，包括基础养老金和个人账户养老金两个部分；2015年之前从统筹体系退休的人员仍按照老办法享受养老金待遇。

居民基本养老保险目标人口包括：年满16周岁（不含在校学生）、不符合职工基本养老保险参保条件的城镇非从业居民和年满16周岁（不含在校学生）、未参加城镇职工基本养老保险的农村居民，退休年龄均为60岁。居民养老保险缴费包括个人缴费和政府补贴，本报告测算的缴费只涵盖个人缴费部分。居民养老金的发放同样包含基础养老金和个人账户养老金，其中，基础养老金是按每年固定金额确定，个人账户养老金的确定方式与城镇职工一致，如表5.9、表5.10、表5.11所示。

表5.9　　　　　城镇企业职工养老保险参数假设汇总　　　　　单位：%

年份	城镇企业职工（含其他、农民工）养老保险								
	参保率			实际缴费人口占比		缴费基数比率		收缴率		养老金比率
	纯企业	其他	农民工	企业职工	农民工	企业职工	农民工	企业职工	农民工	企业职工"老人、中人"
2010	100	43.10	6.95	94.39	100	100	60	68.98	100	70.73
2011	100	46.15	8.57	94.80	100	100	60	72.70	100	71.00
2012	100	71.76	9.25	83.01	100	100	60	72.53	100	73.00
2013	100	76.06	9.81	81.82	100	100	60	71.68	100	73.57

5 精算评估假设与方法

续表

年份	城镇企业职工（含其他、农民工）养老保险								
	参保率			实际缴费人口占比		缴费基数比率		收缴率		养老金比率
	纯企业	其他	农民工	企业职工	农民工	企业职工	农民工	企业职工	农民工	企业职工"老人、中人"
2014	100	79.89	10.78	78.40	100	100	60	70.30	100	74.78
2015	100	81.69	10.85	77.35	100	100	60	71.57	100	75.14
基准情形										
2016	100	85.31	11	77	100	100	60	71.18	100	75.20
2017	100	88.93	11	77	100	100	60	71.18	100	75.20
2018	100	92.56	11	77	100	100	60	71.18	100	75.20
2019	100	96.18	11	77	100	100	60	71.18	100	75.20
2020	100	100	11	77	100	100	60	71.18	100	75.20
2025	100	100	11	77	100	100	60	71.18	100	75.20
2030	100	100	11	77	100	100	60	71.18	100	75.20
2035	100	100	11	77	100	100	60	71.18	100	75.20
2050	100	100	11	77	100	100	60	71.18	100	75.20
2060	100	100	11	77	100	100	60	71.18	100	75.20
2070	100	100	11	77	100	100	60	71.18	100	75.20
2080	100	100	11	77	100	100	60	71.18	100	75.20
2090	100	100	11	77	100	100	60	71.18	100	75.20

注：（1）企业职工包括纯企业职工和其他方式就业人员。

（2）农民工参保率＝参保农民工/城镇就业年龄段人口。

（3）企业职工缴费基数＝对应缴费基数比率×企业职工平均工资。

（4）农民工缴费基数＝对应缴费基数比率×城镇职工平均工资。

（5）养老金比率＝实际养老金/理论退休金。

表 5.10　　城镇机关事业单位职工养老保险参数假设汇总　　单位：%

年份	机关事业单位职工养老保险					
	参保率		实际缴费人口占比	收缴率		养老金比率
	机关	事业单位	机关事业单位	机关	事业单位	2014年之前纳入统筹人员
2010	38.40	38.40	100	61	61	0.93
2011	38.40	38.40	100	61	61	0.93
2012	38.40	38.40	100	61	61	0.93
2013	38.40	38.40	100	61	61	1
2014	38.40	38.40	100	61	61	1
2015	100	70	100	100	70	1.1
基准情形						
2016	100	70	100	100	70	1.1
2017	100	70	100	100	70	1.1
2018	100	70	100	100	70	1.1
2019	100	70	100	100	70	1.1
2020	100	70	100	100	70	1.1
2025	100	70	100	100	70	1.1
2030	100	70	100	100	70	1.1
2035	100	70	100	100	70	1.1
2050	100	70	100	100	70	1.1
2060	100	70	100	100	70	1.1
2070	100	70	100	100	70	1.1
2080	100	70	100	100	70	1.1
2090	100	70	100	100	70	1.1

注：养老金比率＝实际养老金/理论退休金。

表 5.11 城乡居民养老保险参数假设汇总

单位：%，元

年份	新农保 参保率 缴费期	新农保 参保率 退休期	新农保 实际缴费人口占比	新农保 缴费 个人缴费	新农保 养老金 基础养老金	城居保 参保率 缴费期	城居保 参保率 退休期	城居保 实际缴费人口占比	城居保 缴费 个人缴费	城居保 养老金 基础养老金
2010	17.36	23.69	100	300	58	0	0		0	0.00
2011	57.72	69.03	100	172.07	64.43	4.33	7.31	90.00	197	80
2012	68.38	79.57	100	202.00	70.44	6.94	19.36	89.00	215.38	88.87
2013	79.05	90.11	100	202.55	77.02	9.40	31.4	88.00	235.50	97.16
2014	89.71	100	87.31	216.24	83.91	11.60	43.44	87.31	256.55	106.24
2015	90.67	100	87	230.86	91.41	18.00	23.73	86	279.49	115.74
基准情形										
2016	91	100	86	246.31	99.52	26.20	50.5	85	304.28	126.08
2017	91	100	86	262.65	108.29	34.40	56	85	331.08	137.27
2018	91	100	86	279.90	117.75	42.60	61.5	85	360.02	149.36

中国社会保险基金精算研究报告（2016）

续表

年份	新农保 参保率 缴费期	新农保 参保率 退休期	新农保 实际缴费人口占比	新农保 缴费 个人缴费	新农保 养老金 基础养老金	城居保 参保率 缴费期	城居保 参保率 退休期	城居保 实际缴费人口占比	城居保 缴费 个人缴费	城居保 养老金 基础养老金
2019	91	100	86	298.08	127.96	50.80	67	85	391.23	162.41
2020	91	100	86	317.27	138.98	59.00	72.5	85	424.92	176.50
2025	91	100	86	423.14	205.05	100	100	85	626.94	262.49
2030	91	100	86	551.15	295.48	100	100	85	903.41	379.22
2035	91	100	86	704.97	418.11	100	100	85	1278.36	538.98
2050	91	100	86	1361.21	1093.09	100	100	85	3342.09	1418.22
2060	91	100	86	2050.82	2015.56	100	100	85	6162.53	2615.07
2070	91	100	86	3089.79	3716.52	100	100	85	11363.19	4821.97
2080	91	100	86	4655.13	6852.96	100	100	85	20952.77	8891.32
2090	91	100	86	7013.48	12636.29	100	100	85%	38635.16	16394.84

注：个人缴费为居民个人年缴费；基础养老金为居民人均月基础养老金。

5 精算评估假设与方法

5.4 基本医疗保险相关假设

1998年出台的《关于建立城镇职工基本医疗保险制度的规定》正式提出要在我国实行社会统筹医疗账户与个人医疗账户相结合的基本医疗保险制度。随后,伴随着新一轮医疗体制改革,《中共中央 国务院关于深化医疗卫生体制改革的意见》于2009年4月6日正式出台,该意见明确提出:要在我国建立覆盖城乡居民的基本医疗卫生服务制度,并提出要加快医疗保险制度的建设,2010年实现城镇职工基本医疗保险、城镇居民基本医疗保险和新型农村合作医疗三大险种的目标人口覆盖率超过90%。

下面分别从基本医疗保险基金收入、支出两个角度,介绍与测算相关的假设和方法。

5.4.1 基本医疗保险缴费收入

依据参保人员类别,将基本医疗保险分为两类:城镇职工医疗保险、居民医疗保险。其中,根据居民所属地域性质,可将居民医疗保险划分为城镇居民医疗保险和新型农村合作医疗两类。

居民医疗保险缴费包括个人缴费和财政补贴两项,考虑到财政补贴本身就来自财政支出,为分析医疗保险基金的独立运行能力,本报告实际测算的居民医疗保险基金缴费收入仅包括个人缴费。

职工和居民医疗保险基金的收入测算公式如下:

设 i 为年龄,j 为性别,n 为年度,k 为城乡。

$$职工医疗保险总缴费收入 = \sum_{i,j,n} c_{ijn} A_{ijn} x_{ijn} (e_n + p_n) h_n;$$

式中,A_{ijn} 为目标人口,c_{ijn} 为参保率,x_{ijn} 为职工平均工资,e_n、p_n 分别为单位和职工个人的缴费率,h_n 为收缴率。

居民基本医疗保险总缴费收入 $= \sum_{i,j,nk} c_{ijnk} B_{ijnk} (G_{nk} + I_{nk})$；

居民基本医疗保险个人缴费收入 $= \sum_{i,j,nk} c_{ijnk} B_{ijnk} I_{nk}$

式中，B_{ijnk}为目标人口，c_{ijnk}为参保率，G_{nk}、I_{nk}分别为人均政府补助和人均缴费标准。

5.4.1.1 参保情况

从总体来看，2010年时，我国城镇职工医疗保险、城镇居民医疗保险和新型农村合作医疗三类险种的覆盖率已经达到93.94%；2011—2013年期间，医疗保险覆盖率继续稳步增长，到2013年，覆盖率达到99.9%，基本实现全面覆盖。假设从2014年开始，我国三类医疗保险的总覆盖率保持100%不变，如图5.9所示。

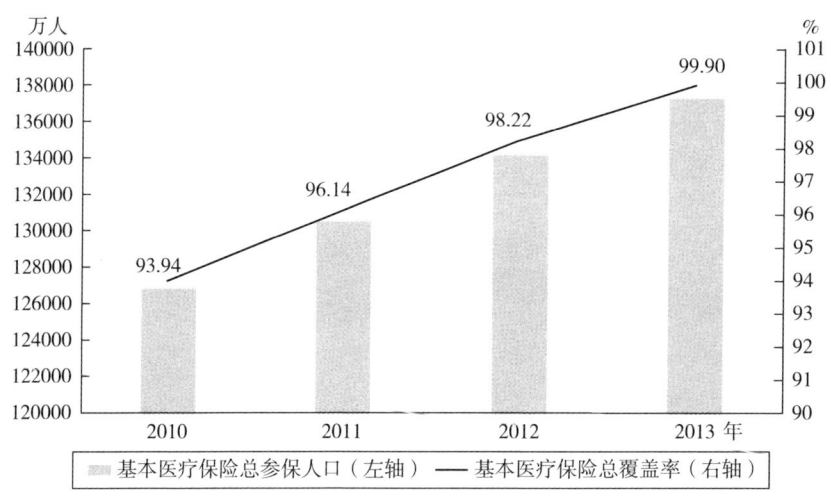

图5.9 基本医疗保险总参保人口及覆盖率

对于基本医疗保险尚未实现全面覆盖的阶段（2010—2013年）而言，假设未被基本医疗保险体系覆盖的人口均属于城镇就业年龄段人口。此外，还假设：自2010年起，城镇0~15岁人口均参加城镇居民医疗保险；城镇就业年龄段人口除城职保参保职工、城居保参保就业年龄段人口和未参保人口之外，均属于外出就业农民工，这部分外出就业的农民工仍在原籍参

5 精算评估假设与方法

加"新农合"(人口普查按照常居住地统计,农民工被统计为城镇人口,但在户籍所在地参加"新农合");农村居民全部参加新农合。

根据 2010—2014 年期间各年的各类医疗保险参保人口,以及城镇就业年龄段和退休年龄段人口,得到各年的各类医疗保险参保率数据如表 5.12 所示。

表 5.12　　　　　基本医疗保险参保人口构成　　　　单位:%

项目	2010	2011	2012	2013	2014
城镇就业年龄段人口					
城职保参保在职职工/城镇就业年龄段人口	37.10	38.66	39.79	40.45	40.86
城居保参保就业年龄段人口/城镇就业年龄段人口	10.91	15.54	24.54	27.81	29.62
未被医保覆盖的人口/城镇就业年龄段人口	17.07	10.71	4.88	0.27	0
参加新农合的外出就业农民工/城镇就业年龄段人口	32.93	35.10	30.78	31.47	29.52
城镇退休年龄段人口					
城职保参保退休人员/城镇退休年龄段人口	66.20	66.05	66.16	65.52	65.14
城居保参保退休年龄段人口/城镇退休年龄段人口	33.80	33.95	33.84	34.48	34.86
城镇 0~15 岁人口					
城居保参保的 0~15 岁人口/城镇 0~15 岁人口	100	100	100	100	100
农村户籍人口					
新农合参保的农村居民/农村居民	100	100	100	100	100

从表 5.12 可以看到,2010—2014 年,城镇退休年龄段人口参加"城职保"和"城居保"的比重仅小幅波动、基本没有显著变化,假设未来各年,城镇退休年龄段人口的参保结构均近似保持 2014 年水平,即参加"城

职保"和"城居保"的城镇退休年龄段人口占城镇退休年龄段人口的比重分别为 65.14% 和 34.86%。

根据前述对基本医疗保险覆盖率的分析预测，从 2014 年开始，城镇就业年龄段的未被医疗保险覆盖人口将不再存在，城镇就业年龄段人口分别以"城职保""城居保""新农合"三种形式参保。2013—2014 年期间，城镇就业年龄段人口中，参加"城职保"的人口所占比重基本没有发生变化，参保结构的变化基本主要发生在"城居保"和"新农合"参保人员之间，该变化可能是由于部分参加新农合的农民工转而投保城镇职工医疗保险，考虑到目前没有关于农民工在城镇参加医疗保险的制度出台，暂时认为这种变化不具有长期性，假设未来各年城镇就业年龄段人口参保结构保持 2014 年的分布不变。

5.4.1.2 城镇职工医疗保险缴费

《国务院关于建立城镇职工基本医疗保险制度的决定》规定：城镇职工医疗保险由单位和职工个人共同缴费，用人单位缴费一般应在职工工资总额的 6% 左右，职工个人缴费则为本人工资收入的 2%；基本医疗保险基金由统筹账户和个人账户两部分构成，职工个人缴费全部进入个人账户，用人单位缴费部分进入统筹账户，其余划入个人账户，划入个人账户的具体比例由所在地区政府根据实际情况确定，一般应在 30% 左右。

假设城镇职工医疗保险缴费率统一为：单位缴费 6%、个人缴费 2%。2010 年城镇职工医疗保险总保费收入 3576 亿元，统筹账户收入 2103.9 亿元，利用 2010 年的数据，校准得到城镇职工医疗保险参保人员的单位缴费划入统筹账户的比例为 77%。按照同样的方法，根据《中国社会保险发展年度报告》公布的各年城镇职工医疗保险征缴收入和统筹账户收入，可以得到 2013—2015 年期间各年的单位缴费划入统筹账户比例分别为 84.28%、85.13%、86.87%。2010—2015 年期间，单位缴费划入统筹账户的比例显著提高，累计增加 9.87 个百分点；但 2013 年开始，增速趋于缓慢，仅有小幅增长；假设从 2016 年开始，单位缴费划入统筹账户的比例保持 87% 不变。

5.4.1.3 居民医疗保险缴费

城镇居民医疗保险和新型农村合作医疗的缴费均包括个人缴费和政府补助两个部分,根据国家统计局和《中国社会保险发展年度报告》公布的各年人均年筹资额和人均政府补助情况,整理得到各年两类保险参保人员的人均年缴费金额,汇总如表5.13所示。

表5.13　　　　　　　居民医疗保险缴费情况　　　　　　单位:元

项目	2010	2011	2012	2013	2014	2015
新型农村合作医疗						
人均年筹资额	156.6	246.21	308.5	370.59	410.89	
人均政府补助	120	200	240	262.42	285.88	
人均年缴费	36.6	46.21	68.5	108.17	125.01	
城镇居民医疗保险						
人均年筹资额	164	246	312	359	409	515
人均政府补助	110	184	244	281	324	403
人均年缴费	54	62	68	78	85	112

从表5.13可以看到,人均筹资水平的提高主要与两类居民医疗保险政府补助标准的提高和参保者个人缴费标准的提高有关。假设新型农村合作医疗的人均政府补助和人均年缴费从2015年起,均按照劳动生产率增长率增长;城镇居民医疗保险的人均政府补助和人均年缴费则从2016年起,均按照劳动生产率增长率增长。

5.4.2 基本医疗保险支出

我国基本医疗保险基金支付模式采取分门诊和住院两部分的板块式支付模式,个人账户用于支付门诊费用,当个人账户不足支付时,除规定的若干种慢性病和特殊病,统筹基金会在一定额度上予以支付之外,其余情况下的超过费用由个人负担;统筹基金则主要用于支付住院费用。本报告在预测基本医疗保险基金未来支出时,分别考虑参保人员的门诊费用补偿与住院费用补偿两个部分，涉及的主要参数包括城乡分年龄、性别的住院率、就诊率、次均住院费用、次均就诊费用以及住院费用和就诊费用的补偿比例。

基本医疗保险基金的总支出测算公式如下：

设 i 为年龄，j 为性别，n 为年度，k 为城乡。

基本医疗保险基金支出 = $\sum\limits_{i,j,n,k} c_{ijnk} B_{ijnk} (M_{ijnk} \times m_{ijnk} R_n + H_{ijnk} \times h_{ijnk} T_n)$；

式中，B_{ijnk} 为目标人口，c_{ijnk} 为参保率，M_{ijnk} 为次均就诊费用，m_{ijnk} 为就诊率，R_n 为就诊费用报销比，H_{ijnk} 为次均住院费用，h_{ijnk} 为住院率，T_n 为住院费用报销比。

5.4.2.1 就诊率与住院率

仅从医学的角度来看，"是否就诊"和"是否住院"直接取决于不同年龄段人口的身体健康状况，具有自身内在规律，不会一直随经济发展变化而保持上升或下降，本报告依据过去 20 年的城乡就诊率、住院率历史变化趋势，探索期间变化规律，进而预计未来比率的变化情况。

根据《2013年中国卫生统计年鉴》和《2013年第五次国家卫生服务调查分析报告》中公布的数据，汇总城乡分年龄别就诊率和住院率数据，如图 5.10 至图 5.14 所示。

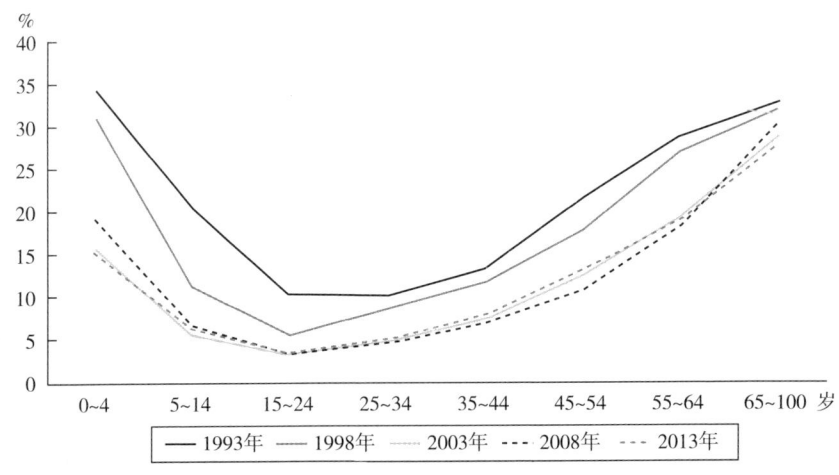

图 5.10 城镇分年龄别就诊率

5 精算评估假设与方法

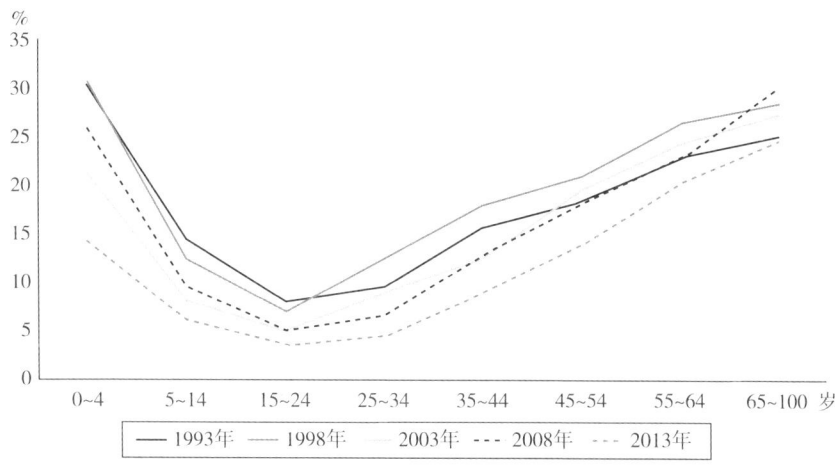

图 5.11 农村分年龄别就诊率

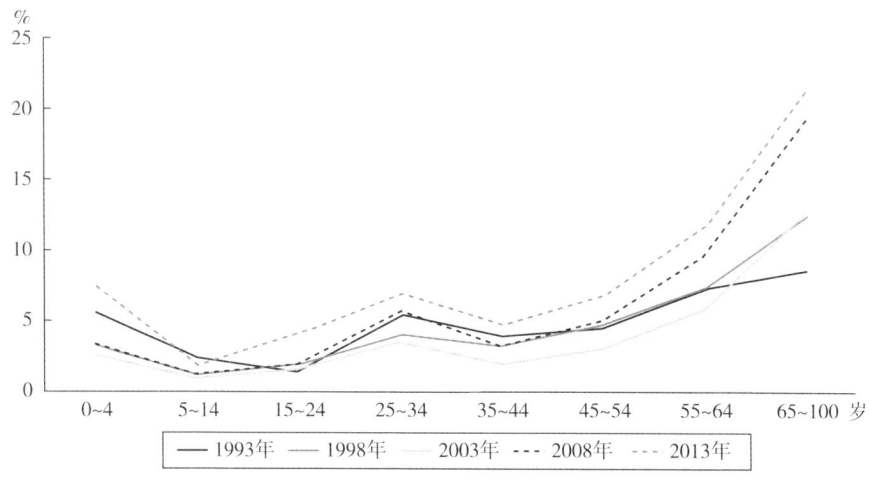

图 5.12 城镇分年龄别住院率

18rx 根据图 5.10 至图 5.14，可以看到：

就诊率方面：除 65 岁及以上老人之外，其余各年龄段人口的就诊率在 1993—2003 年期间均呈下降趋势，之后波动趋于平缓、城乡就诊率趋近，体现出我国非老龄人口健康情况的不断改善，以及城乡医疗条件差异的逐渐改善。

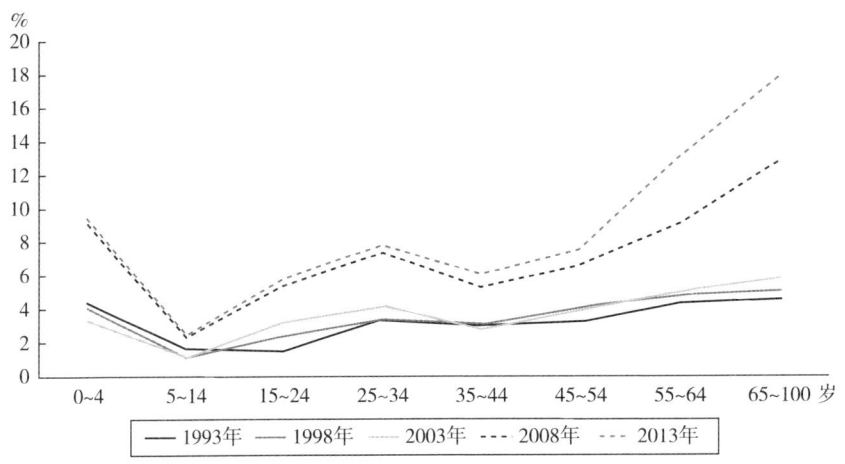

图 5.13 农村分年龄别住院率

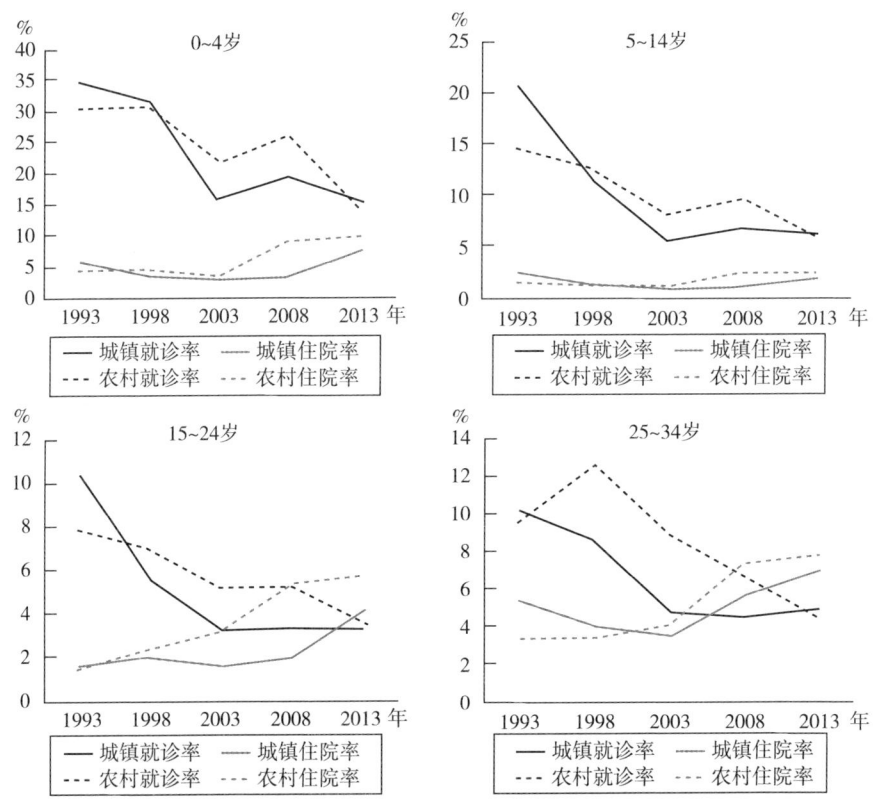

图 5.14 分年龄段城乡就诊率、住院率

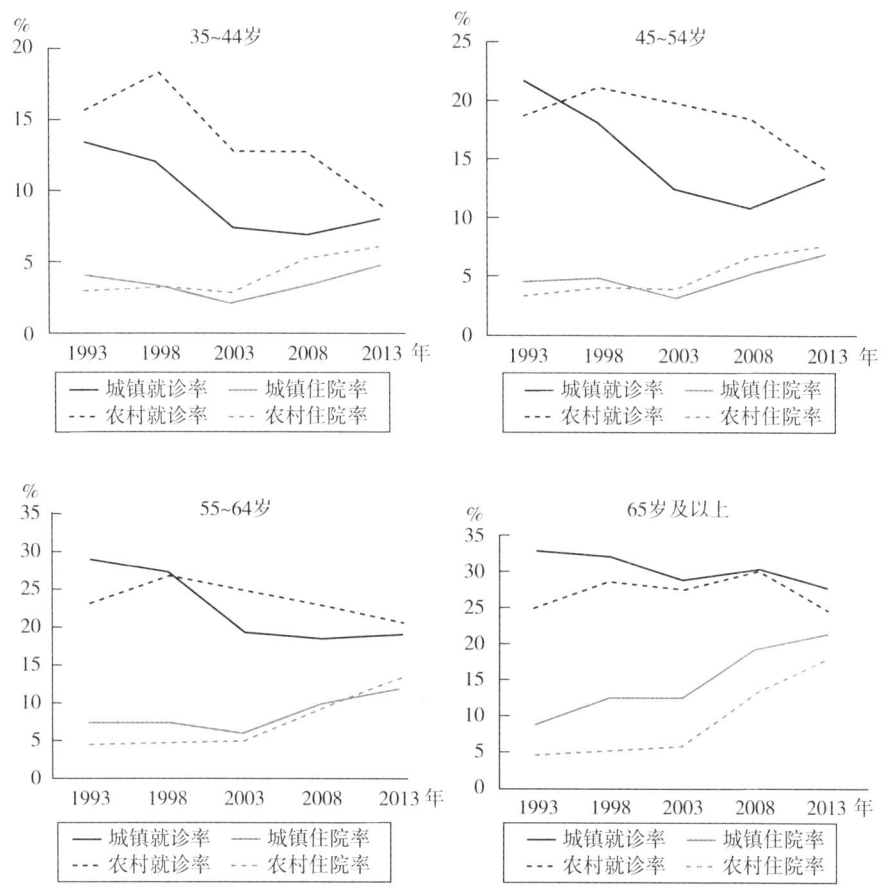

图5.14 分年龄段城乡就诊率、住院率（续）

住院率方面：城镇人口部分，除65岁及以上的老人之外，其余年龄别的住院率在1993—2003年期间均呈缓慢下降或平稳波动，在2003—2013年期间则有所上升。农村人口部分，1993—2003年期间，住院率基本持平或小幅缓慢上升，2003年之后则大幅增长。

我们认为2003年前后住院率变化趋势的转折主要与我国医疗体制改革有关。2003年蔓延全国的SARS疫情暴露了我国医疗服务体系的弊端，使人们清楚地认识到"我国医疗体制改革基本不成功"。从2005年开始，我国开始以政府为主导的新一轮医疗体制改革，大力推行"新农合"与"城居保"的试点与全覆盖。新改革后的医保体系使住院需求得到加强,特别是农村人口的住院需求得到提升。2003 年之后就诊率趋于平稳,且城乡差距逐渐缩小,体现了人口健康情况改善与医保报销政策完善两方面力量的中和效果。

考虑到自 2013 年起,基本医疗保险基本实现全面覆盖,三类医保体系的发展建设也基本趋于稳定。假设从 2013 年起,城乡分年龄别的就诊率和住院率不再发生变化,如表 5.14 所示。

表 5.14　　　　　分年龄别城乡就诊率、住院率　　　　　单位:%

年龄	城镇就诊率		城镇住院率		农村就诊率		农村住院率	
	男	女	男	女	男	女	男	女
0~4 岁	16.20	14.40	8.80	5.80	15.10	12.80	10.80	8.00
5~14 岁	6.30	6.30	2.30	1.40	6.60	5.50	2.90	2.00
15~24 岁	3.20	3.40	2.00	6.20	2.90	4.10	2.00	9.60
25~34 岁	4.90	5.00	1.80	11.40	4.30	4.70	2.70	12.90
35~44 岁	7.40	8.50	4.20	5.30	7.60	10.20	4.80	7.40
45~54 岁	11.40	14.80	6.70	7.00	12.10	15.90	6.90	8.40
55~64 岁	16.90	21.00	11.30	12.20	18.30	22.50	12.70	13.40
65~100 岁	25.90	29.40	22.10	20.90	22.90	26.70	18.00	18.10

5.4.2.2　次均就诊费用与次均住院费用

根据《2008 年第四次国家卫生服务调查分析报告》,2008 年三类医疗保险的次均就诊费用分别为 350 元、242 元、163 元;三类医疗保险的次均住院费用分别为 10783 元、5020 元、3412 元。而《2013 年第五次国家卫生服务调查分析报告》仅公布了当年的三类医疗保险次均住院费用,分别为 12467 元、10013 元、6638 元。本报告拟在 2008 年的各类医疗保险次均就诊费用和次均住院费用的基础上,通过预测未来各年增长率,以得到预测期间各年的各类医保参保人员次均医疗费用支出。

5 精算评估假设与方法

在预测未来次均医疗费用的变化趋势时，本报告拟采用计量经济学的方法，探究次均医疗费用变化的客观影响因素及其影响程度，据此推算次均医疗费用未来的变化趋势。

一般认为经济发展水平、医疗技术进步、自然环境变化、社会环境变化、人口老龄化、医疗卫生服务供给因素会对次均医疗费用未来的变化趋势产生影响。针对上述六种因素，选用六类对应的量化指标（人均可支配收入，人均 GDP；人均寿命；空气指数，人均绿地面积；人口密度；65 岁以上人口占总人口的比重；每千人的卫生技术人员数），对次均医疗费用进行回归分析。

考虑到拟采用的时间序列数据涵盖年份较少，且不连续，本报告选择省际面板数据，分别全国 31 个省、自治区、直辖市分城乡进行次均医疗费用回归分析。由于各地区处于不同的发展阶段，假设从面板数据回归分析中得到的结果可以近似为全国的时间序列分析结果，以此回归结果作为未来次均医疗费用的增长率估计依据。

数据来源方面：本报告所涉及的自变量中，各地区分城乡的人均国内生产总值、各地区城镇人均可支配收入、各地区农村人均纯收入、各地区分城乡的人均年消费支出、各地区的人均绿地面积、各地区的城市人口密度数据来自《中国统计年鉴》（1999 年、2004 年、2009 年、2014 年）；各地区的人均寿命数据来自 1990 年、2000 年、2010 年人口普查的预期寿命数据线性插值；各地区每千人的卫生技术人员数来自《中国卫生统计年鉴》（1998 年、2003 年、2008 年、2013 年）；各地区分城乡的老龄化率数据来自《中国人口统计年鉴》和《中国人口和就业统计年鉴》（1998 年、2003 年、2008 年、2013 年）；各地区的空气污染综合指数来自《中国环境年鉴》（1998 年、2003 年、2008 年、2013 年）。因变量数据来自 1998 年、2003 年、2008 年和 2013 年公布的《中国卫生服务调查研究》，该报告自 1993 年开始，每 5 年公布一次，是国内最权威的医疗卫生服务数据之一。回归结果如表 5.15 所示。

表 5.15　　　　　　　　　次均医疗费用回归结果

变量	(1) log(uphos)	(2) log(rphos)	(3) log(upmed)	(4) log(rpmed)
log(upi)	0.709*** (0.0776)		1.114*** (0.100)	
uaging	2.102 (3.015)		0.284 (3.891)	
log(rpi)		0.814*** (0.143)		0.845*** (0.145)
raging		9.260** (3.899)		20.08** (3.957)
ms	-0.0830 (0.102)	-0.327*** (0.0974)	-0.282** (0.132)	-0.571*** (0.0988)
constant	2.226*** (0.669)	1.882* (0.962)	-3.865*** (0.863)	-1.676* (0.976)
R-squared	0.686	0.734	0.751	0.834
observations	92	92	92	92
province	23	23	23	23

注：括号中为标准差；＊＊＊p<0.01，＊＊p<0.05，＊p<0.1。

其中，uphos、rphos 分别表示城、乡次均住院费用，upmed、rpmed 分别表示城、乡次均就诊费用，upi、rpi 分别表示城镇人均可支配收入和农村人均纯收入，uaging、raging 分别表示城、乡人口老龄化率，ms 表示每千人口的卫生技术人员数。

表 5.15 中的 4 个回归模型均具有较好的拟合效果，以模型（1）为例，城镇次均住院费用与城镇人均可支配收入呈正相关关系，平均城镇人均可

支配收入每增长1%,城镇次均住院费用就会增长0.709%;城镇次均住院费用、每千人口卫生技术人员数与城镇人口老龄化率之间关系虽然不显著,但从其相关系数的正负也可以看出,老龄化程度越高、卫生服务供给越少,次均住院费用也越高,这与我们的普遍认知基本一致。

根据回归结果,得到城镇次均住院费用、城镇次均就诊费用、农村次均住院费用、农村次均就诊费用的未来增长率。

5.4.2.3 报销比例

根据人力资源和社会保障部发布的《中国社会保险发展年度报告2015》,2010—2015年期间城镇职工、居民医疗保险参保人员发生的住院费用报销比如图5.15所示。可以看到,2010—2015年期间,两类医疗保险的住院费用报销比均无显著变化,分别稳定在82%和65%附近。假设未来两类医疗保险的住院费用报销比分别保持82%和65.55%不变。

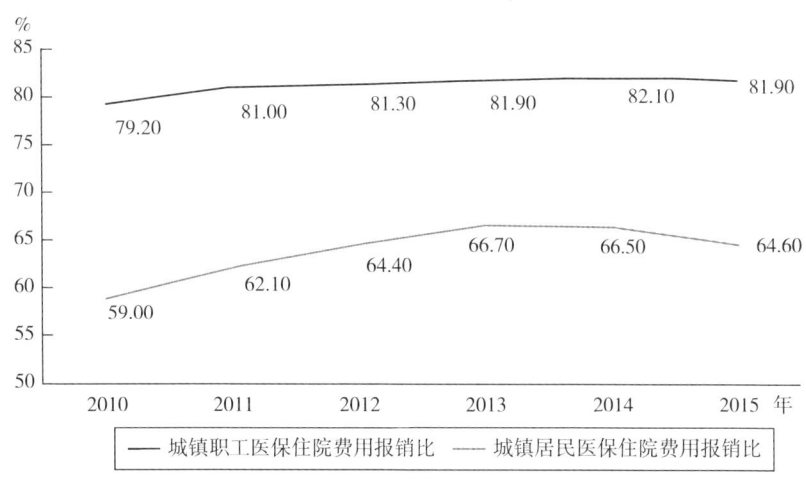

图 5.15 城镇职工、居民医疗保险住院费用报销比

根据次均住院费用、住院率以及住院费用报销比,得到各年医疗保险基金对住院费用的支出,进而得到各年医疗保险基金对就诊费用的支出,通过次均就诊费用、就诊率,推算得到就诊费用报销比,如图5.16所示。

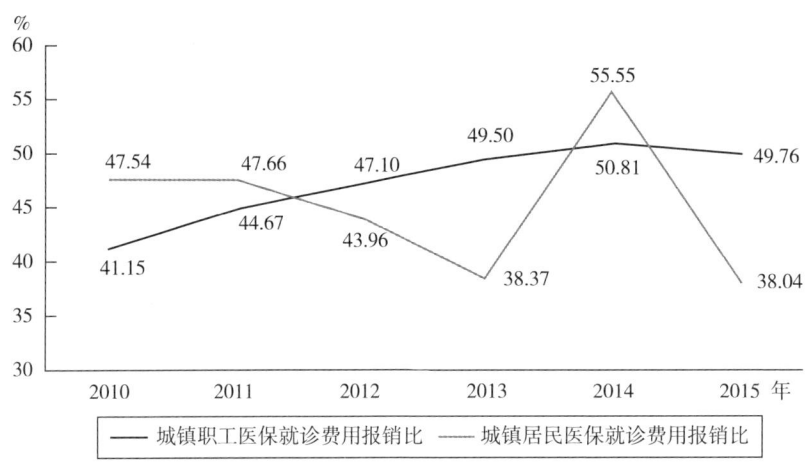

图 5.16 城镇职工、居民医疗保险就诊费用报销比

2010—2015 年期间，城镇职工医保就诊费用报销比呈现匀速缓慢上升趋势，且 2013—2015 年期间基本稳定。取 3 年的就诊费用报销比均值 50.03%，假设从 2016 年开始，城镇职工医保就诊费用保持 50.03% 的水平不变，而城镇居民医保就诊费用报销比在 2010—2015 年期间波幅较大，但也基本在 47% 附近徘徊，仍取后 3 年的就诊费用报销比均值 43.99%，假设从 2016 年开始，城镇居民医保就诊费用保持 43.99% 的水平不变。

根据《全国社会保障资金审计结果》（审计署审计结果公告 2012 年第 34 号），2010 年三类医疗保险的平均实际报销比例分别为 63.2%、49.3%、26.6%；到 2011 年，三类医疗保险的平均实际报销比例分别增至 68.3%、52.28%、49.2%。根据 2010 年、2011 年的新型农村合作医疗次均住院费用、次均就诊费用、住院率和就诊率，校准得到 2010—2011 年的住院费用报销比和就诊费用报销比。《2013 年第五次卫生服务调查分析报告》公布的 2013 年新型农村合作医疗住院费用报销比为 50.10%，线性插值得到 2012 年的新农合住院费用报销比为 45.40%；并据此得到 2012—2013 年的新农合就诊费用报销比。

5 精算评估假设与方法

5.4.3 校准：基本医疗保险相关参数

5.4.3.1 城镇职工基本医疗保险实际收缴率

根据预测得到的2010—2015年期间各年的参保职工人口矩阵、在岗职工平均工资矩阵、城镇职工医疗保险的缴费率及缴费划入统筹账户比率，估算得到2010—2015年期间各年的城镇职工医疗保险的理论缴费额。可以发现，统筹账户的理论缴费收入高于《中国社会保险发展年度报告》公布的实际统筹基金缴费收入，说明存在参保人员应缴未缴的情况。因此，引入实际收缴率，对城镇职工养老保险的统筹基金缴费收入进行校准。

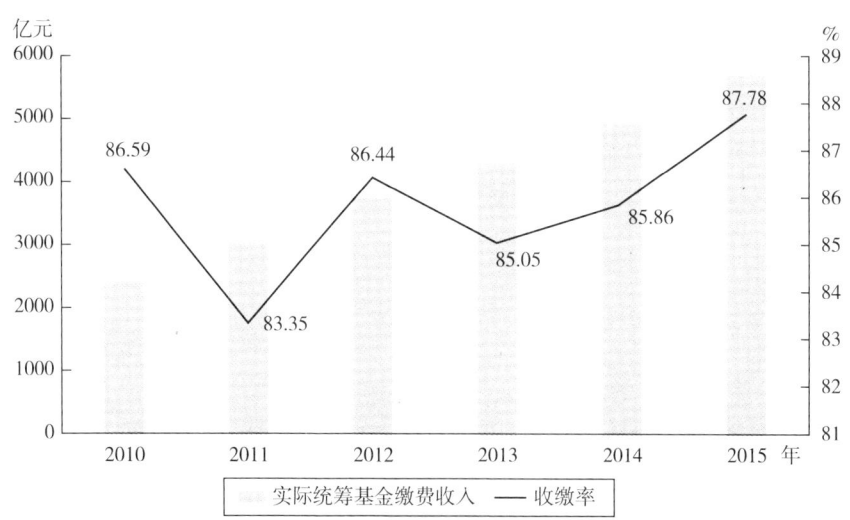

图 5.17　城职保的实际统筹基金缴费收入及收缴率

由图5.17可以看出，除2011年之外，其余各年的城职保统筹基金收缴率基本稳定在85%~88%的范围内，近三年来仅有小幅提升。假设从2016年开始，收缴率保持在88%的水平不变。

5.4.3.2 城镇职工、居民医疗保险参保人员住院率和就诊率

在基础假设中，本报告假设"城乡分年龄、性别的就诊率和住院率"均保持《2013年第五次国家卫生服务调查分析报告》公布的就诊率、住院

率水平不变。但根据2013年人口结构和上述分年龄性别的就诊率、住院率，估算得到的城镇平均就诊率和城镇平均住院率均低于《中国社会保险发展年度报告》公布的2013年数据；且《中国社会保险发展年度报告》统计的2010—2015年期间各年的就诊率、住院率均呈上升趋势，而非固定不变。城镇参保人员住院率、就诊率校准如表5.16所示。

表5.16　　　　　城镇参保人员住院率、就诊率校准　　　　单位：%

项目	2010	2011	2012	2013	2014	2015
城镇职工住院率	11.69	12.45	13.49	14.55	15.40	16.50
城镇居民住院率	4.53	5.29	6.64	8.05	8.90	10.40
城镇平均住院率				9.07		
城镇职工就诊率	15.69	16.77	17.85	18.69	20.00	21.54
城镇居民就诊率	—	—	3.04	3.96	5.00	6.04
城镇平均就诊率				13.30		

注：世界各国普遍采用抽样调查前两周内的就诊的人次乘以26.06，再乘以总体调查样本量的倍数，估算一定区域内全年各种不适、患病、伤害和中毒的实际就诊的人次数，以反映居民的卫生服务需求。即人均就诊次数/26.06可近似为就诊率。

本报告根据《中国社会保险发展年度报告》公布的数据，对城镇职工、居民医疗保险参保人员住院率和就诊率进行校准修正，从而得到2010—2015年期间各年的城镇职工、居民分年龄性别的住院率和就诊率，并假设从2016年开始，各年的城镇职工、居民住院率和就诊率结构均保持2015年的水平不变。

5.4.3.3　城镇职工、居民医疗保险次均住院费用和次均就诊费用

对比《中国社会保险发展年度报告》（2015）公布的2010—2015年期间各年的城镇职工居民医疗保险次均住院费用，《2013年第五次国家卫生服务调查分析报告》公布的2013年的城镇职工、居民医疗保险次均住院费用，以及本报告在基础假设中以《2008年第四次国家卫生服务调查分析报

告》公布的 2008 年城镇职工、居民医疗保险次均住院费用为基础的预测结果可以发现，《中国社会保险发展年度报告》公布的次均住院费用数据显著低于后两者，以此校准次均住院费用，并假设从 2016 年开始，城镇职工、居民医保次均住院费用仍按照基础假设中的增长率增长。

次均就诊费用方面，《中国社会保险发展年度报告》（2015）公布了 2010—2015 年期间各年的城镇职工医疗保险参保人员的普通门诊急诊次均费用和门诊大病次均费用，考虑到基本医疗保险的门诊报销条件，认为符合条件的门诊就诊费用报销应该多数属于门诊大病，因此本报告以城镇职工医疗保险的门诊大病次均费用作为 2010—2015 年期间各年的次均就诊费用校准。《中国社会保险发展年度报告》并未公布城镇居民医疗保险的门诊就诊相关次均费用，但 2010—2015 年期间各年城镇居民医保参保人员次均住院费用相对于城镇职工医保参保人员次均住院费用的比重较为稳定，基本保持在 64% 左右。假设 2010—2015 年期间，各年城镇居民医保参保人员的次均就诊费用相对于城镇职工医保参保人员次均就诊费用的比重也保持该水平，并假设从 2016 年开始，城镇职工、居民医疗保险参保人员的次均就诊费用仍按照基础假设中的增长率增长，如表 5.17 所示。

表 5.17　　　　　　　　城镇次均医疗费用校准　　　　　　　　单位：元

项目	2010	2011	2012	2013	2014	2015
城镇职工医疗保险次均住院费用						
《中国社会保险发展年度报告》	8413	8780	9313	9693	10095	10414
《2013 年第五次国家卫生服务调查分析报告》				12467		
以《2008 年第四次国家卫生服务调查分析报告》为基础的预测结果	13371	14422	15376	16394	17433	18538

续表

项目	2010	2011	2012	2013	2014	2015
城镇职工医疗保险次均就诊费用						
《中国社会保险发展年度报告》	5468	5551	5698	6146	6653	6821
《2013年第五次国家卫生服务调查分析报告》				10013		
以《2008年第四次国家卫生服务调查分析报告》为基础的预测结果	6225	6714	7158	7632	8116	8630

5.4.4 基本医疗保险参数假设汇总

根据前文的假设分析，将城镇职工医疗保险、城镇居民医疗保险和新型农村合作医疗的收支相关参数假设进行汇总整理。

城镇职工医疗保险目标人口为城镇就业和退休职工；城镇居民医疗保险目标人口包括城镇0~15岁全部人口及其他不符合城镇职工医疗保险参保条件的城镇居民；而新型农村合作医疗目标人口则为农村户籍居民，包括外出就业农民工在内。

城镇职工医疗保险由用人单位和个人共同缴费，分别缴纳职工工资总额的6%和个人工资收入的2%，本报告统一选取城镇职工平均工资作为缴费基数；个人缴费全部纳入个人账户，单位缴费部分划入统筹基金账户，不同地区的划入比例存在一定差异。城镇居民医疗保险和新型农村合作医疗征缴收入由个人缴费和财政补贴两部分构成，本报告为评估基本医疗保险基金的独立运行能力，仅考虑个人缴费收入，不测算财政补贴部分。

三类医疗保险基金的支出用于支付参保人员的门诊就诊费用报销和住院费用报销，具体参数假设如表5.18至表5.22所示。

5 精算评估假设与方法

表5.18　　　　　　　　三类医疗保险参保情况　　　　　　单位：%

项目	城职保		城居保			新农合		未覆盖
	城镇职工参保	城镇退休参保	城镇0~15岁参保	城镇居民参保	城镇退休居民参保	城镇农民工参保	农村居民参保	未覆盖/城镇就业
2010	37.10	66.20	100	10.91	33.80	32.93	100	17.07
2011	38.66	66.05	100	15.54	33.95	35.10	100	10.71
2012	39.79	66.16	100	24.54	33.84	30.78	100	4.88
2013	40.45	65.52	100	27.81	34.48	31.47	100	0.27
2014	40.86	65.14	100	29.62	34.86	29.52	100	0
2015	40.86	64.74	100	29.62	35.26	29.52	100	0
基准情形								
2016	40.86	65.10	100	29.62	34.90	29.52	100	0
2017	40.86	65.10	100	29.62	34.90	29.52	100	0
2018	40.86	65.10	100	29.62	34.90	29.52	100	0
2019	40.86	65.10	100	29.62	34.90	29.52	100	0
2020	40.86	65.10	100	29.62	34.90	29.52	100	0
2025	40.86	65.10	100	29.62	34.90	29.52	100	0
2030	40.86	65.10	100	29.62	34.90	29.52	100	0
2035	40.86	65.10	100	29.62	34.90	29.52	100	0
2050	40.86	65.10	100	29.62	34.90	29.52	100	0
2060	40.86	65.10	100	29.62	34.90	29.52	100	0
2070	40.86	65.10	100	29.62	34.90	29.52	100	0
2080	40.86	65.10	100	29.62	34.90	29.52	100	0
2090	40.86	65.10	100	29.62	34.90	29.52	100	0

表 5.19 三类医疗保险缴费情况 单位：%、元

项目	城镇职工医疗保险		城镇居民医疗保险		新型农村合作医疗	
	统筹比例	收缴率	人均年缴费	财政补贴	人均年缴费	财政补贴
2010	77.00	86.59	54	110	36.60	120
2011	79.43	83.35	62	184	46.21	200
2012	81.86	86.44	68	244	68.50	240
2013	84.28	85.05	78	281	108.17	262.42
2014	85.13	85.86	85	324	125.01	285.88
2015	86.87	87.78	112	403	136.19	311.43
基准情形						
2016	87	88	121.93	438.75	148.27	339.06
2017	87	88	132.68	477.40	161.33	368.93
2018	87	88	144.27	519.12	175.43	401.17
2019	87	88	156.78	564.13	190.64	435.95
2020	87	88	170.28	612.70	207.05	473.49
2025	87	88	251.24	904.01	305.49	698.61
2030	87	88	362.03	1302.66	440.21	1006.68
2035	87	88	512.29	1843.32	622.91	1424.49
2050	87	88	1339.30	4819.07	1628.51	3724.12
2060	87	88	2469.55	8885.97	3002.84	6866.96
2070	87	88	4553.64	16384.98	5536.98	12662.11
2080	87	88	8396.54	30212.53	10209.73	23347.86
2090	87	88	15482.51	55709.38	18825.89	43051.51

注：统筹比例，是指单位缴费划入个人统筹账户的比例。

5 精算评估假设与方法

表 5.20 城镇职工医疗保险基金支出 单位：元、%

项目	城镇职工医疗保险					
	次均住院费用	次均就诊费用	平均住院率	平均就诊率	住院费用报销比	就诊费用报销比
2010	8413	423	11.69	15.69	79.20	41.15
2011	8780	430	12.45	16.77	81.00	44.67
2012	9313	437	13.49	17.85	81.30	47.10
2013	9693	463	14.55	18.69	81.90	49.50
2014	10095	466	15.40	20.00	82.10	50.81
2015	10414	471	16.50	21.54	81.90	49.76
基准情形						
2016	11068.92	517.47	16.50	21.54	82.00	50.03
2017	11760.32	568.17	16.50	21.54	82.00	50.03
2018	12489.06	623.40	16.50	21.54	82.00	50.03
2019	13256.77	683.51	16.50	21.54	82.00	50.03
2020	14066.03	748.96	16.50	21.54	82.00	50.03
2025	18589.99	1152.17	16.50	21.54	82.00	50.03
2030	24151.86	1726.75	16.50	21.54	82.00	50.03
2035	30968.21	2536.43	16.50	21.54	82.00	50.03
2050	61597.50	7354.47	16.50	21.54	82.00	50.03
2060	95419.38	14485.68	16.50	21.54	82.00	50.03
2070	147812.13	28531.63	16.50	21.54	82.00	50.03
2080	228972.64	56197.15	16.50	21.54	82.00	50.03
2090	354696.65	110688.34	16.50	21.54	82.00	50.03

表 5.21　　　　　　　　城镇居民医疗保险基金支出　　　　单位：元、%

项目	城镇居民医疗保险					
	次均住院费用	次均就诊费用	平均住院率	平均就诊率	住院费用报销比	就诊费用报销比
2010	5468	266.49	4.53	1.12	59.00	47.54
2011	5551	270.90	5.29	2.08	62.10	47.66
2012	5698	279.68	6.64	3.04	64.40	43.96
2013	6146	296.32	8.05	3.96	66.70	38.37
2014	6653	302.90	8.90	5.00	66.50	55.55
2015	6821	306.15	10.40	6.04	64.60	38.04
基准情形						
2016	7249.96	336.35	10.40	6.04	65.55	43.99
2017	7702.81	369.31	10.40	6.04	65.55	43.99
2018	8180.13	405.21	10.40	6.04	65.55	43.99
2019	8682.97	444.28	10.40	6.04	65.55	43.99
2020	9213.02	486.83	10.40	6.04	65.55	43.99
2025	12176.14	748.91	10.40	6.04	65.55	43.99
2030	15819.08	1122.39	10.40	6.04	65.55	43.99
2035	20283.67	1648.68	10.40	6.04	65.55	43.99
2050	40345.36	4780.41	10.40	6.04	65.55	43.99
2060	62498.14	9415.69	10.40	6.04	65.55	43.99
2070	96814.54	18545.56	10.40	6.04	65.55	43.99
2080	149973.34	36528.14	10.40	6.04	65.55	43.99
2090	232320.52	71947.42	10.40	6.04	65.55	43.99

5 精算评估假设与方法

表 5.22　　　　　　　　新型农村合作医疗基金支出　　　　单位：元、%

项目	新型农村合作医疗					
	次均住院费用	次均就诊费用	平均住院率	平均就诊率	住院费用报销比	就诊费用报销比
2010	4003.22	192.43	9.02	12.80	36.00	6.32
2011	4365.87	210.61	9.02	12.80	40.70	10.88
2012	4699.60	227.46	9.02	12.80	45.40	20.92
2013	5059.07	245.65	9.02	12.80	50.10	20.92
2014	5430.00	264.52	9.02	12.80	50.10	20.92
2015	5828.02	284.83	9.02	12.80	50.10	20.92
基准情形						
2016	6251.36	306.47	9.02	12.80	50.10	20.92
2017	6702.85	329.65	9.02	12.80	50.10	20.92
2018	7181.99	354.27	9.02	12.80	50.10	20.92
2019	7689.15	380.28	9.02	12.80	50.10	20.92
2020	8228.90	408.07	9.02	12.80	50.10	20.92
2025	11348.73	571.36	9.02	12.80	50.10	20.92
2030	15362.19	785.46	9.02	12.80	50.10	20.92
2035	20435.73	1057.53	9.02	12.80	50.10	20.92
2050	44717.55	2374.68	9.02	12.80	50.10	20.92
2060	73267.64	3933.79	9.02	12.80	50.10	20.92
2070	120578.48	6579.52	9.02	12.80	50.10	20.92
2080	198951.11	11066.38	9.02	12.80	50.10	20.92
2090	327469.54	18515.45	9.02	12.80	50.10	20.92

6　附录

6.1　考虑财政补贴情况下的精算评估情况

当前,国家各级政府每年都会通过财政补贴来支撑社会保险基金的运行。为应对养老金转轨期的转轨成本、居民养老保险的基础养老金发放、农民工的养老金补贴以及人口老龄化带来的长寿风险等,国家各级财政每年都会对养老金体系发放补贴,以维系养老金体系的运作;在基本医疗保险部分,各级政府的财政补贴构成居民医疗保险的主要资金来源,同时也为城镇职工医疗保险的运行提供了保障。

本报告在前文的基础上,进一步考虑:在加入财政补贴的情况下,基准情形下的社会保险基金短期(10年)和长期(75年)的精算平衡情况。作为社会保险基金精算评估的补充内容,具体考察指标与第4章基本一致。

在加入财政补贴的情况下,将各级政府的财政补贴作为社会保险基金的一项收入来源,即本部分的基金收入包括缴费收入和财政补贴两项。

6.1.1　社会保险基金财政补贴

基本养老保险的政府补贴,其性质属于养老保险基金的一种收入来源。在机关事业单位养老金改革前,政府是机关事业单位员工的雇主,因此,部分财政补贴属于养老基金的正常缴费。在2014年10月实施改革后,本报告直接将这部分缴费加入到机关事业单位的缴费中;另一部分补贴,可以看成是养老金体系转轨过程中所发生的转轨成本,这部分的补贴应该是递减的；还有一部分，现有养老金制度使得国家承担了长寿风险（大于70岁），未来老龄化使得寿命延长，所以，财政补贴也包括这部分，这部分呈现递增趋势。

马骏和李扬在测算养老金隐性负债的研究中，均考虑到财政补贴对基本养老保险基金的影响。马骏（2012）通过对2010年之前（包含2010年）各年国家财政补贴数据占当年GDP以及国家财政支出总额的比例进行分析，预计2011年养老金体系的财政补贴将占当年GDP的0.48%，并假设该比例在预测期间各年将保持不变，从而推导得到预测期间各年的国家财政对基本养老保险基金补贴金额。李扬（2013）假设：一旦养老金保险基金出现收支缺口，且当前养老基金的累计盈余不足以应对养老金支出，国家财政将补贴养老金体系，以实现养老基金的累计盈余为零。在这样的假设下，李扬估算出每年的政府补贴总额，包括居民养老保险的基础养老金补贴、原本每年就发放的各级财政补贴收入、为维持养老基金累计盈余为零所需要的财政补贴。分析各年为维持养老保险体系所需政府财政补贴占GDP和国家财政支出的比例，从而预测各年国家财政补贴数据。

本报告参照马骏（2012）的做法，通过财政部公布的2013—2015年期间各年的基本养老保险基金财政补贴金额，得到上述三年的财政补贴相对于当年GDP的比重，分别为0.75%、0.72%、0.82%。综合这三年的财政补贴所占比例，平均比重为0.76%，考虑到随着未来养老金体系收支缺口的扩大，财政补贴在当年GDP中所占的比例将会略有提升，故而选定0.8%作为未来各年国家财政补贴在当年GDP中所占的比例。

采用同样的方法分析基本医疗保险基金的财政补贴情况，可以发现2013—2015年期间各年的基本医疗保险基金财政补贴金额分别相当于当年GDP的0.52%、0.56%、0.60%，三年内的财政补贴相对于GDP的比重表现出匀速微增的趋势，但涨幅较小。假设基本医疗保险基金财政补贴占当年GDP的比重到2017年匀速增至0.70%，之后各年保持不变，如表6.1所示。

表6.1　　2013—2015年期间社会保险基金财政补贴情况　单位：亿元、%

项目	2013	2014	2015
名义GDP	595244.4	643974	689052
实际财政补贴—养老保险	4435	4607	5620.35
实际财政补贴—医疗保险	3082	3590	4100.27
养老保险基金财政补贴/名义GDP	0.75	0.72	0.82
医疗保险基金财政补贴/名义GDP	0.52	0.56	0.60

6.1.2　考虑财政补贴情况下的短期精算评估

在考虑财政补贴的情况下，本报告仍用"基金偿付率"指标作为基金短期偿付能力的度量，其中，基金偿付率为不包括预缴收入在内的基金年初累计结余相对于当年基金总支出的比重，而各年基金总收入包括总缴费收入和财政补贴总额两项。在基准情形下，基本养老保险基金、基本医疗保险基金和两类保险的联合基金在2016—2025年期间的各年基金偿付率测算如表6.2、表6.3、表6.4所示。

可以看到，加入财政补贴后，三类保险的基金偿付率相较于未加入财政补贴的情况显著增大，而且基本医疗保险基金的基金偿付率增幅最为显著。这主要是由于在我国当前的社会保险体系内，财政补贴作为基金的一项重要收入来源，在各年基金总收入中占据较大比重，而基本医疗保险基金对财政补贴的依赖性更强。仅以2015年为例，城镇职工医疗保险的财政补贴占总收入的0.75%，而城镇居民医疗保险的财政补贴占总收入的比重则高达75.2%。

此外，在加入财政补贴后，未来10年内，基本养老保险和基本医疗保险的各年基金收入均大于基金支出，即不存在收支缺口、基金累计结余保持增长，相比于不考虑财政补贴的情况下的基本医疗保险基金始终呈现收不抵支状态，收支情况得到很大好转，进一步体现出财政补贴对维持两类保险基金，特别是基本医疗保险基金平稳运行的重要作用。

6 附录

表 6.2 考虑财政补贴情况下的短期养老保险基金偿付率测算

单位：亿元，%

年份	总收入			总支出	当年净结余	年末基金累计结余	基金偿付率	基金偿付率（无财政补贴）
	总缴费	财政补贴总额	合计					
2015	24239.54	5620.35	29859.89	27326.56	2533.335	39937	130.44	130.44
2016	30135.53	6039.031	36174.56	28709.89	7464.674	47401.67	139.11	139.11
2017	33643.71	6615.05	40258.76	31523.82	8734.94	56136.61	150.37	131.21
2018	37420.93	7237.316	44658.25	34702.67	9955.574	66092.19	161.76	125.30
2019	41621.4	7908.562	49529.97	37850.96	11679.01	77771.2	174.61	122.06
2020	46229.34	8631.501	54860.84	40812.08	14048.77	91819.96	190.56	122.44
2021	50351.21	9401.65	59752.86	43751.97	16000.89	107820.9	209.86	126.60
2022	54506.89	10217.92	64724.8	47699.56	17025.25	124846.1	226.04	129.95
2023	58603.19	11080.16	69683.35	52889.89	16793.47	141639.6	236.05	130.07
2024	63011.15	11988.51	74999.66	58048.77	16950.89	158590.5	244.00	128.35
2025	67594.22	12943.42	80537.64	64350.43	16187.21	174777.7	246.45	123.50

中国社会保险基金精算研究报告（2016）

表 6.3 考虑财政补贴情况下的短期医疗保险基金偿付率测算

单位：亿元，%

年份	总收入 总缴费	总收入 财政补贴总额	总收入 合计	总支出	当年净结余	年末基金累计结余	基金偿付率	基金偿付率（无财政补贴）
2015	10191.96	4134.312	14326.27	12352.17	1974.097	12542.81	—	—
2016	11262.06	4906.712	16168.77	13769.76	2399.01	14941.82	91.09	91.09
2017	12406.69	5788.169	18194.86	15240.48	2954.38	17896.2	98.04	65.85
2018	13615.3	6332.652	19947.95	16899.98	3047.973	20944.17	105.89	42.61
2019	14906.04	6919.992	21826.03	18704	3122.026	24066.2	111.98	20.94
2020	16341.41	7552.564	23893.98	20643.38	3250.6	27316.8	116.58	0.57
2021	17786.68	8226.444	26013.12	22684.68	3328.444	30645.24	120.42	-18.44
2022	19350.53	8940.679	28291.21	24845.83	3445.381	34090.62	123.34	-36.55
2023	20929.75	9695.144	30624.89	27203.35	3421.543	37512.16	125.32	-53.58
2024	22491.12	10489.95	32981.07	29686.72	3294.344	40806.51	126.36	-70.23
2025	24166.64	11325.49	35492.13	32358.35	3133.776	43940.28	126.11	-86.67

表6.4 考虑财政补贴情况下的"联合保险"基金偿付率测算

单位：亿元、%

年份	总收入			总支出	当年净结余	年末基金累计结余	基金偿付率	基金偿付率（无财政补贴）
	总缴费	财政补贴总额	合计					
2015	34431.5	9754.662	44186.16	39678.73	4507.432	52479.81	—	—
2016	41397.59	10945.74	52343.33	42479.65	9863.684	62343.49	123.54	123.54
2017	46050.4	12403.22	58453.62	46764.3	11689.32	74032.81	133.31	109.91
2018	51036.23	13569.97	64606.2	51602.65	13003.55	87036.36	143.47	98.22
2019	56527.44	14828.55	71356	56554.96	14801.04	101837.4	153.90	88.62
2020	62570.75	16184.06	78754.82	61455.45	17299.37	119136.8	165.71	81.51
2021	68137.89	17628.09	85765.98	66436.65	19329.33	138466.1	179.32	77.07
2022	73857.41	19158.6	93016.01	72545.39	20470.63	158936.7	190.87	72.93
2023	79532.94	20775.31	100308.2	80093.24	20215.01	179151.7	198.44	67.69
2024	85502.28	22478.45	107980.7	87735.49	20245.24	199397	204.20	61.16
2025	91760.86	24268.91	116029.8	96708.78	19320.99	218718	206.18	53.18

在考虑财政补贴后，2016—2025 年期间三类保险基金的基金偿付率均始终超过 100%，基本养老保险基金的基金偿付率更是自 2021 年开始超过 200%。可以认为，将财政补贴纳入保险基金的收入考察范围内后，基本养老保险基金、基本医疗保险基金、"联合基金"在短期内的资本充足，足以应对既定福利支出。

6.1.3 考虑财政补贴情况下的长期精算评估

为了方便与第 4 章的长期精算评估结果进行比较，本报告对于考虑财政补贴情况下的社保基金长期精算平衡能力的分析，也将从收支现金流、长期基金偿付率、长期累计收支情况三个角度展开。

6.1.3.1 长期收支现金流评估

将各级政府对基本养老保险基金和基本医疗保险基金的财政补贴总额分别与各类保险的总缴费收入相加，从而得到考虑财政补贴情况下的两类保险基金各年总收入。针对每一类险种，分别测算总收入和总支出相对于该类险种参保人员应税工资总额的比率，即收入比率和支出比率，进而根据支出比率与收入比率的差额，得到缺口率。汇总两类保险在 2013—2090 年期间（其中，2016—2090 年为目标考察期）收支比率和缺口率，如表 6.5 所示；为将两类保险合并考虑，分别计算两类保险基金和"联合基金"的收、支比率和缺口率，如表 6.6 所示；为方便比较，将不考虑财政补贴情况下的保险基金缺口率汇总，如表 6.7 所示。

加入财政补贴后，基本养老保险基金、基本医疗保险基金分别从 2035 年和 2031 年开始出现收支缺口，缺口出现当年，相对于应税工资总额的缺口率分别为 0.0016%、0.0662%，而相对于 GDP 的缺口率则分别为 0.0004%、0.0117%。相比之下，不考虑财政补贴时，基本养老保险基金自 2027 年开始出现收支缺口，当年相对于应税工资总额和 GDP 的缺口率分别为 0.4002%、0.0954%；而基本医疗保险基金在考察期内始终呈现收不抵支的状态。各年财政补贴有效延缓了两类保险基金收支缺口的出现。

6 附录

表6.5　　各年保险基金收支现金流情况（考虑财政补贴）　　单位：%

年份	养老保险			医疗保险		
	总收入/应税工资总额	总支出/应税工资总额	缺口率	总收入/应税工资总额	总支出/应税工资总额	缺口率
2013	21.17	17.52	-3.65	9.96	8.73	-1.22
2014	20.35	18.28	-2.07	11.12	9.73	-1.40
2015	21.13	19.33	-1.79	11.52	9.93	-1.59
2016	20.99	16.66	-4.33	11.78	10.03	-1.75
2017	20.86	16.34	-4.53	12.01	10.06	-1.95
2018	20.76	16.13	-4.63	11.99	10.16	-1.83
2019	20.66	15.78	-4.87	11.97	10.26	-1.71
2020	20.56	15.29	-5.26	11.94	10.31	-1.62
2025	20.66	16.51	-4.15	11.98	10.92	-1.06
2030	20.73	19.49	-1.23	12.08	11.92	-0.15
2035	20.84	20.84	0.00	12.17	13.04	0.87
2050	20.82	30.79	9.97	12.24	15.15	2.91
2060	20.86	33.32	12.46	12.37	15.86	3.48
2070	20.86	33.38	12.51	12.30	15.05	2.75
2080	20.97	35.46	14.48	12.52	15.33	2.81
2090	21.05	35.71	14.66	12.69	15.84	3.15

表6.6　　各年保险基金独立及共同运行的现金流情况（考虑财政补贴）单位：%

年份	养老保险			医疗保险			养老保险和医疗保险		
	总收入/GDP	总支出/GDP	缺口率	总收入/GDP	总支出/GDP	缺口率	总收入/GDP	总支出/GDP	缺口率
2013	3.98	3.30	-0.69	1.85	1.62	-0.23	5.83	4.92	-0.91
2014	3.99	3.58	-0.41	1.95	1.71	-0.24	5.94	5.29	-0.65

续表

年份	养老保险			医疗保险			养老保险和医疗保险		
	总收入/GDP	总支出/GDP	缺口率	总收入/GDP	总支出/GDP	缺口率	总收入/GDP	总支出/GDP	缺口率
2015	4.33	3.97	-0.37	2.08	1.79	-0.29	6.41	5.76	-0.65
2016	4.79	3.80	-0.99	2.14	1.82	-0.32	6.93	5.63	-1.31
2017	4.87	3.81	-1.06	2.20	1.84	-0.36	7.07	5.66	-1.41
2018	4.94	3.84	-1.10	2.21	1.87	-0.34	7.14	5.70	-1.44
2019	5.01	3.83	-1.18	2.21	1.89	-0.32	7.22	5.72	-1.50
2020	5.08	3.78	-1.30	2.21	1.91	-0.30	7.30	5.70	-1.60
2025	4.98	3.98	-1.00	2.19	2.00	-0.19	7.17	5.98	-1.19
2030	4.84	4.56	-0.29	2.16	2.13	-0.03	7.00	6.69	-0.31
2035	4.70	4.70	0.00	2.12	2.27	0.15	6.83	6.98	0.15
2050	4.60	6.81	2.20	2.08	2.58	0.50	6.68	9.38	2.70
2060	4.55	7.27	2.72	2.05	2.62	0.58	6.60	9.89	3.29
2070	4.55	7.28	2.73	2.07	2.53	0.46	6.62	9.81	3.19
2080	4.41	7.45	3.05	2.02	2.48	0.45	6.43	9.93	3.50
2090	4.33	7.34	3.01	1.99	2.49	0.50	6.32	9.83	3.51

表 6.7　各年保险基金独立及共同运行的缺口率汇总

（不考虑财政补贴）　　　　　　　　单位：%

年份	相对于应税工资总额		相对于 GDP		
	养老保险	医疗保险	养老保险	医疗保险	养老保险和医疗保险
2013	0.31	1.58	0.06	0.29	0.35
2014	1.58	1.80	0.31	0.32	0.63
2015	2.18	1.74	0.45	0.31	0.76

续表

年份	相对于应税工资总额		相对于GDP		
	养老保险	医疗保险	养老保险	医疗保险	养老保险和医疗保险
2016	-0.83	1.83	-0.19	0.33	0.14
2017	-1.10	1.87	-0.26	0.34	0.09
2018	-1.26	1.97	-0.30	0.36	0.06
2019	-1.57	2.08	-0.38	0.38	0
2020	-2.03	2.15	-0.50	0.40	-0.10
2025	-0.83	2.77	-0.20	0.51	0.31
2030	2.19	3.77	0.51	0.67	1.19
2035	3.55	4.88	0.80	0.85	1.65
2050	13.59	7.03	3.00	1.20	4.20
2060	16.13	7.71	3.52	1.28	4.79
2070	16.18	6.92	3.53	1.16	4.69
2080	18.29	7.14	3.85	1.15	5.00
2090	18.55	7.61	3.81	1.20	5.01%

在收支缺口开始出现之后，基本养老保险基金的缺口率在2035—2055年期间快速增长，2055年相对于GDP的缺口率增至2.68%。而基本医疗保险基金的缺口率在2031—2055年期间相对增长较为缓慢，2055年相对于GDP的缺口率增至0.58%。加入财政补贴后，两类保险的缺口率增速均显著降低。

至于收支缺口出现之后的其他年份，各类保险基金在考虑财政补贴情况下的缺口率也显著下降。到2090年，考虑财政补贴情况下的两类保险基金相对于应税工资总额的缺口率分别为14.66%、3.15%；相对于GDP的缺口率分别为3.01%、0.50%。相对于不考虑财政补贴的情形，考察期末的缺口率显著下降，明显减轻了两类保险基金的财务负担，如图6.1所示。

中国社会保险基金精算研究报告（2016）

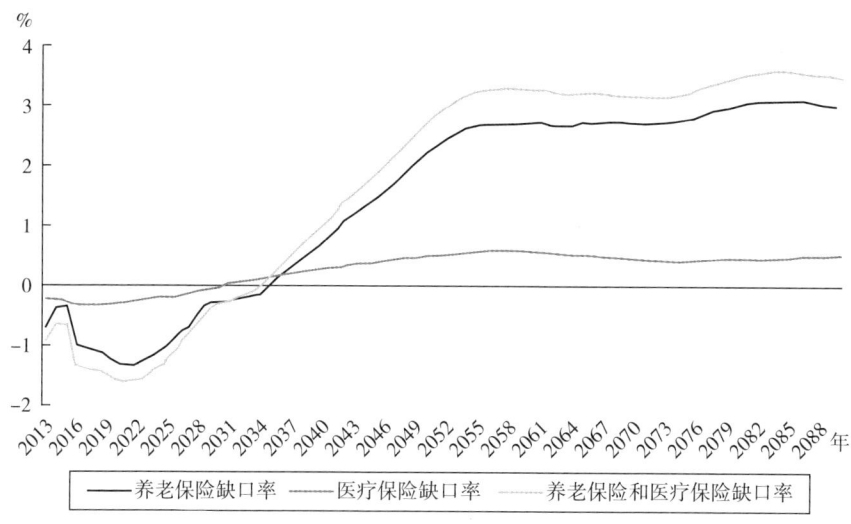

图 6.1　考虑财政补贴情况下的缺口率变化

6.1.3.2　长期偿付率评估

同样将各级政府对各类保险基金的财政补贴总额与各类保险的总缴费收入之和，作为保险基金总收入。以"各年年初的保险基金资本存量相对于当年基金支出成本的比率"作为基金偿付率，进一步衡量在考虑财政补贴的情况下，社保基金的长期资本充足性。

2016—2090 年期间，基本养老保险基金、基本医疗保险基金、两类保险联合基金的各年基金偿付率，汇总如表 6.8 所示。可以看到，考虑财政补贴对基金收入的影响后，各类保险的基金累计结余耗尽年份均显著延后，其中基本医疗保险基金的基金累计结余耗尽时间的延后作为显著（延迟 20 年）。

此外，不同于不考虑财政补贴情况下的基金偿付率基本逐年下降，在考虑财政补贴的情况下，各类保险的基金偿付率均存在一段上升的过程。其中，基本养老保险基金的基金偿付率从 2016 年的 139.11% 增至 2025 年的 246.45%，之后逐年下降；基本医疗保险基金的基金偿付率从 2016 年的 91.09% 增至 2024 年的 126.36%，之后逐年下降。财政补贴作为社保基金

6 附录

的第二大收入来源,确实有效增大了社保基金的资本充足率,对维系基金的长期平稳运行具有显著作用。

表6.8　　考虑财政补贴情况下的各类保险基金偿付率　　单位:%

年份	养老保险	医疗保险	养老保险和医疗保险
2016	139.11	91.09	123.54
2017	150.37	98.04	133.31
2018	161.76	105.89	143.47
2019	174.61	111.98	153.90
2020	190.56	116.58	165.71
2021	209.86	120.42	179.32
2022	226.04	123.34	190.87
2023	236.05	125.32	198.44
2024	244.00	126.36	204.20
2025	246.45	126.11	206.18
2030	205.52	105.83	173.75
2035	159.17	61.17	127.24
2040	75.84	5.36	54.15
2045	a	a	a
2050	a	a	a
2055	a	a	a
2060	a	a	a
2065	a	a	a
2070	a	a	a
2075	a	a	a
2080	a	a	a

续表

年份	养老保险	医疗保险	养老保险和医疗保险
2085	a	a	a
2090	a	a	a
基金累计结余耗尽年份	2043	2040	2043
收支比（基金累计结余耗尽当年）	79.68	88.27	81.50
不考虑财政补贴情况：			
基金累计结余耗尽年份	2034	2020	2029
收支比（基金累计结余耗尽当年）	85.76	79.16	83.01

注：a 表示基金累计结余耗尽，基金偿付率为负值，无实际意义。

6.1.3.3 长期累计收支现值评估

本部分，将"未来75年的基金收支"作为一个整体，从整体的角度分析基金的资本充足性。具体为：将未来各年的保险基金缴费收入与各级财政补贴之和作为基金收入总额，分别将各年基金总收入、总支出贴现到评估时点（2016年），加总得到长期收支累计现值；从而得到收入累计现值比率、支出累计现值比率和累计缺口率。

参照4.2.3节，收入累计现值比率是未来一段时期内的总收入累计现值、初始基金累计结余相对于对应时间段内的参保人员应税工资总额累计现值的比率；支出累计现值比率是未来一段时期内的福利支出累计现值、考察时段的年末基金偿付率达到100%所需的资金现值相对于对应时间段内的参保人员应税工资总额累计现值的比率；而对应的累计缺口率，则为收入累计现值比率与支出累计现值比率的差额。未来25年、50年、75年的收入累计现值比率、支出累计现值比率、累计缺口率汇总如表6.9所示。

6 附录

表6.9　考虑财政补贴情况下的保险基金收支累计现值比率　　单位：%

年份	收入累计现值比率			支出累计现值比率			缺口率
	累计收入现值	考察期初基金结余现值	合计	累计支出现值	考察期末目标基金结余现值	合计	
基本养老保险：							
基准情形							
2016—2040年	20.75	0.90	21.65	18.55	1.01	19.56	-2.09
2016—2065年	20.80	0.47	21.26	24.50	0.68	25.18	3.92
2016—2090年	20.84	0.32	21.16	27.75	0.44	28.19	7.03
基本医疗保险：							
基准情形							
2016—2040年	12.05	0.37	12.42	11.65	0.57	12.23	-0.19
2016—2065年	12.16	0.19	12.35	13.39	0.31	13.70	1.35
2016—2090年	12.26	0.13	12.39	14.01	0.19	14.20	1.81

考虑财政补贴后，以2016—2040年作为一个整体，基本养老保险基金和基本医疗保险基金的缺口率均为负值，说明：如果该段时间的整体累计收入现值与考察期初基金累计结余现值之和大于整体累计支出现值与考察期末目标基金累计结余现值之和。在未来的25年内，在现行的各级政府财政补贴政策下，两类保险基金总体上不会产生新缺口，基本可以平稳运行。

而在2016—2065年、2016—2090年两个时间段，基本养老保险基金和基本医疗保险基金的缺口率均大于零。即从这两个时间段的整体收支角度看，基金出现收支缺口。说明：在未来的50年、75年里，如果各级政府仅按照当前的财政补贴方式发放年度财政补贴，两类保险基金将收不抵支，政府必须新增额外的财政补贴，以维持保险基金的平稳运行，并且，仅从缺口率的大小来看，基本养老保险基金未来将面临更大的收支压力，基本医疗保险基金的收支压力相对较小，这与不考虑财政补贴情况下的两类保险基金累计缺口率相似。

6.2 社会保险基金对财政支出的整体影响：隐性负债的度量

本报告主要是通过短期精算评估（未来10年内基金偿付率是否大于100%）、长期精算评估（未来75年的基金收支比率、基金偿付率、基金收支累计比率）来分析社会保险基金的独立运行能力。

而社会保险基金自身的收支又影响着国家财政收支，国家各级财政每年都会以财政补贴的形式支持社会保险基金的平稳运行。由于人口老龄化加深、医疗卫生体制改革深化等，以基本养老保险基金和基本医疗保险基金为代表的社保基金在未来一段时间里将出现严重的收不抵支现象。为维持社保基金的持续平稳运行，各级财政未来将进一步加大对社保基金的财政支出，以弥补各年的基金收支缺口。

本部分将通过隐性负债的度量，从整体的角度来评估社会保险基金对国家财政支出可能造成的整体影响。根据Holzmann在世界银行的社会保障讨论稿系列文章，关于隐性负债的定义基本可以概括为三种：以当前累积权益为基础的到期应计债务；封闭性人口条件下，预计的在职职工和退休人员社保基金债务；开放系统的累计收支缺口现值。

本部分参照马骏、李扬等的做法，根据上述第三种定义，在基准情形下，分别不考虑财政补贴和考虑财政补贴两种情况，测算基本养老保险基金、基本医疗保险基金以及两类保险联合基金的隐性负债。评估时点包括2014年、2015年、2016年，测算期间与本报告长期考察期一致，即2016—2090年。

6.2.1 不考虑财政补贴的情况

根据本报告在不考虑财政补贴情形下测算的 2016—2090 年期间各年基本养老保险基金和基本医疗保险基金缴费收入总额和支出总额，可以得到各年的两类保险基金的收支缺口。利用 5.2.6 节的贴现率假设，分别得到 2014 年、2015 年、2016 年的各基金累计收支缺口现值，如表 6.10、表 6.11 所示。

表 6.10　不考虑财政补贴情况下的基本养老保险基金隐性负债

单位：百亿元

年份	缴费			支出			收支缺口
	城镇职工	城乡居民	合计	城镇职工	城乡居民	合计	
2014	203.98	6.71	210.68	215.10	15.55	230.65	19.97
2015	235.28	7.12	242.40	252.40	20.86	273.27	30.87
2016	293.82	7.54	301.36	263.50	23.60	287.10	-14.26
2017	328.39	8.05	336.44	288.86	26.38	315.24	-21.20
2018	365.57	8.64	374.21	317.56	29.47	347.03	-27.18
2019	406.85	9.36	416.21	346.21	32.30	378.51	-37.70
2020	452.12	10.17	462.29	372.68	35.44	408.12	-54.17
2025	660.68	15.26	675.94	579.73	63.77	643.50	-32.44
2030	928.19	19.05	947.24	947.68	119.49	1067.17	119.93
2035	1267.95	24.04	1291.99	1356.09	200.77	1556.85	264.86
2050	3153.00	45.53	3198.53	5031.97	693.15	5725.12	2526.59
2060	5487.66	74.83	5562.49	9507.30	1275.50	10782.79	5220.30
2070	9636.85	126.20	9763.05	16720.01	2229.17	18949.18	9186.13
2080	16354.66	200.87	16555.53	30191.72	3997.87	34189.58	17634.05
2090	28344.60	326.82	28671.42	52813.08	6857.62	59670.71	30999.29
隐性负债（累计收支缺口现值）：							
2014 年，11054.55 百亿元；2015 年，12091.97 百亿元；2016 年，13213.32 百亿元							

中国社会保险基金精算研究报告（2016）

表 6.11 不考虑财政补贴情况下的基本医疗保险基金隐性负债

单位：百亿元

年份	缴费				支出				收支缺口
	城镇职工	城镇居民	新农合	合计	城镇职工	城镇居民	新农合	合计	
2014	76.91	3.42	9.20	89.54	66.97	14.37	28.49	109.83	20.29
2015	87.28	4.76	9.88	101.92	75.31	17.81	30.40	123.52	21.60
2016	96.64	5.32	10.66	112.62	84.23	20.98	32.49	137.70	25.08
2017	106.61	5.96	11.50	124.07	94.07	23.45	34.89	152.40	28.34
2018	117.13	6.66	12.37	136.15	105.39	26.16	37.45	169.00	32.85
2019	128.35	7.42	13.29	149.06	117.99	29.05	40.00	187.04	37.98
2020	140.91	8.24	14.26	163.41	131.62	32.08	42.73	206.43	43.02
2025	208.54	13.01	20.12	241.67	216.49	48.71	58.38	323.58	81.92
2030	294.71	19.47	27.35	341.54	349.85	72.11	77.25	499.21	157.67
2035	406.24	27.45	37.01	470.70	547.88	104.19	100.50	752.57	281.87
2050	1006.20	74.14	80.23	1160.57	1700.75	286.60	178.53	2165.87	1005.30
2060	1728.86	131.44	139.49	1999.79	3128.47	498.31	267.36	3894.15	1894.36
2070	3076.82	223.56	253.96	3554.34	5314.24	828.24	435.03	6577.51	3023.17
2080	5218.44	389.75	458.62	6066.80	9228.04	1417.19	717.54	11362.77	5295.97
2090	8988.56	678.55	837.84	10504.96	16562.36	2471.64	1189.12	20223.12	9718.17

隐性负债（累计收支缺口现值）：2014年，4744.23百亿元；2015年，5176.61百亿元；2016年，5647.47百亿元

6 附录

比较 2014 年、2015 年、2016 年三个评估时点的隐性负债与上述三年的财政支出数据、GDP 数据,如表 6.12 所示。

表 6.12　　　　隐性负债相对于财政支出和 GDP 的比率　　　　单位：%

项目	2014	2015	2016
养老保险隐性负债/全国一般公共预算支出	728.30	687.52	703.43
医疗保险隐性负债/全国一般公共预算支出	312.56	294.33	300.65
养老保险隐性负债/GDP	171.66	175.49	175.04
医疗保险隐性负债/GDP	73.67	75.13	74.81

在不考虑财政补贴的情况下,各年养老保险隐性负债相对于 GDP 的比率均大于 100%,分别为 171.66%、175.49%、175.04%；而各年医疗保险隐性负债相对于 GDP 的比率则均小于 100%。而两类保险基金的隐性负债总额相对于 GDP 的比率则分别为 245.33%、250.62%、249.85%。在不考虑财政补贴的情况下,社保基金隐性负债将对财政造成较大影响。

6.2.2　考虑财政补贴的情况

进一步在考虑财政补贴情形下,测算 2016—2090 年期间各年基本养老保险基金和基本医疗保险基金收入总额(总缴费 + 总财政补贴)和支出总额,可以得到各年的两类保险基金的收支缺口。利用 5.2.6 节的贴现率假设,分别得到 2014 年、2015 年、2016 年的各基金累计收支缺口现值,如表 6.13、表 6.14 所示。

表 6.13　考虑财政补贴情况下的基本养老保险基金隐性负债　单位：百亿元

年份	总收入			总支出	缺口
	总缴费	财政补贴	合计		
2014	210.68	46.07	256.75	230.65	−26.10
2015	242.40	56.20	298.60	273.27	−25.33

续表

年份	总收入			总支出	缺口
	总缴费	财政补贴	合计		
2016	301.36	60.39	361.75	287.10	-74.65
2017	336.44	66.15	402.59	315.24	-87.35
2018	374.21	72.37	446.58	347.03	-99.56
2019	416.21	79.09	495.30	378.51	-116.79
2020	462.29	86.32	548.61	408.12	-140.49
2025	675.94	129.43	805.38	643.50	-161.87
2030	947.24	187.40	1134.64	1067.17	-67.47
2035	1291.99	264.75	1556.73	1556.85	0.12
2050	3198.53	672.85	3871.39	5725.12	1853.74
2060	5562.49	1187.20	6749.69	10782.79	4033.10
2070	9763.05	2082.01	11845.06	18949.18	7104.12
2080	16555.53	3668.94	20224.47	34189.58	13965.11
2090	28671.42	6504.25	35175.67	59670.71	24495.04
隐性负债（累计收支缺口现值）：					
2014 年，7184.41 百亿元；2015 年，7901.46 百亿元；2016 年，8684.05 百亿元					

表6.14　考虑财政补贴情况下的基本医疗保险基金隐性负债　单位：百亿元

年份	总收入			总支出	缺口
	总缴费	财政补贴	合计		
2014	89.54	36.06	125.60	109.83	-15.77
2015	101.92	41.34	143.26	123.52	-19.74
2016	112.62	49.07	161.69	137.70	-23.99
2017	124.07	57.88	181.95	152.40	-29.54

续表

年份	总收入			总支出	缺口
	总缴费	财政补贴	合计		
2018	136.15	63.33	199.48	169.00	-30.48
2019	149.06	69.20	218.26	187.04	-31.22
2020	163.41	75.53	238.94	206.43	-32.51
2025	241.67	113.25	354.92	323.58	-31.34
2030	341.54	163.98	505.52	499.21	-6.30
2035	470.70	231.65	702.36	752.57	50.21
2050	1160.57	588.75	1749.32	2165.87	416.56
2060	1999.79	1038.80	3038.59	3894.15	855.56
2070	3554.34	1821.76	5376.10	6577.51	1201.41
2080	6066.80	3210.32	9277.12	11362.77	2085.65
2090	10504.96	5691.22	16196.18	20223.12	4026.95
隐性负债（累计收支缺口现值）：					
2014年，1372.40百亿元；2015年，1521.19百亿元；2016年，1688.14百亿元					

同样比较2014年、2015年、2016年三个评估时点的隐性负债与上述三年的财政支出数据、GDP数据，如表6.15所示。

表6.15　　　　　　　隐性负债相对于财政支出和GDP的比率　　　　单位：%

项目	2014	2015	2016
养老保险隐性负债/全国一般公共预算支出	473.33	449.26	462.31
医疗保险隐性负债/全国一般公共预算支出	90.42	86.49	89.87
养老保险隐性负债/GDP	111.56	114.67	115.04
医疗保险隐性负债/GDP	21.31	22.08	22.36

在考虑财政补贴的情况下，各年养老保险隐性负债相对于 GDP 的比率虽仍均大于 100%，分别为 111.56%、114.67%、115.04%，但相比于不考虑财政补贴情况下的对应比率，已经显著下降；而各年医疗保险隐性负债相对于 GDP 的比率则均小于 25%。而两类保险基金的隐性负债总额相对于 GDP 的比率则分别为 132.87%、136.75%、137.40%。

在考虑财政补贴的情况下，社保基金隐性负债相对于 GDP 的比率虽仍接近 1.5，但相比于不考虑财政补贴时的情况，该比率已显著下降。

6.3 长期敏感性分析

本报告对社保基金精算平衡情况的评估研究，主要是基于三种情形的假设（基准情形、高成本情形、低成本情形），其中，高成本情形和低成本情形分别描述了未来整体环境的两种极端情形。三种不同情形的讨论是建立在所有主要参数假设同时变化的条件下的，本部分为进一步考察"社保基金精算平衡情况对某些主要参数变化的敏感程度"，在基准情形参数假设的基础上，分析单一参数变化对基金精算平衡情况的影响。

6.3.1 生育率

在基准情形的基础上，进一步分析不同生育率可能对基金收支平衡情况的影响。本报告基准情形下的考察期末总生育率为 1.83，其他两种情况的总生育率假设分别为 1.74（情景 1）、1.62（情景 2）。关于生育率的三种假设均来自曾毅的研究，具体分别对应仅放开二胎情形、放开二胎的同时提倡晚育、只放开双单独二孩三种情况。不同生育率条件下的基本养老保险基金和基本医疗保险基金的收、支累计现值比率及缺口率如表 6.16 所示。

对于未来 25 年的考察期而言，不同生育率假设条件下的基本养老保险基金的支出累计现值比率并未随生育率变化，始终保持 19.56% 的水平；

同样的情况还出现在 50 年考察期中,各生育率对应的养老保险基金支出累计现值比率保持 25.18% 不变。而当考察期延长至 75 年时,养老保险基金支出累计现值比率出现了显著变化,从 28.91% 降至 27.91%。不同生育率条件下的累计缺口率变化情况基本与支出累计现值比率的变化相似,25 年、50 年、75 年的考察期下,当总生育率从 1.83 降至 1.62 时,累计缺口率分别增长 0.03 个、0.46 个、1.02 个百分点。

表 6.16　　　　不同生育率假设下的两类保险基金长期平衡情况　　　单位：%

项目	养老保险			医疗保险		
	1.83	1.74	1.62	1.83	1.74	1.62
收入累计现值比率：						
25 年期：2016—2040 年	18.23	18.22	18.21	8.53	8.51	8.50
50 年期：2016—2065 年	17.74	17.50	17.28	8.34	8.22	8.11
75 年期：2016—2090 年	17.56	17.03	16.26	8.29	8.03	7.68
支出累计现值比率：						
25 年期：2016—2040 年	19.56	19.56	19.56	12.23	12.19	12.17
50 年期：2016—2065 年	25.18	25.18	25.18	13.70	13.63	13.55
75 年期：2016—2090 年	28.19	28.02	27.91	14.20	14.01	13.80
累计缺口率：						
25 年期：2016—2040 年	1.32	1.34	1.35	3.70	3.68	3.67
50 年期：2016—2065 年	7.44	7.68	7.90	5.36	5.41	5.45
75 年期：2016—2090 年	10.63	10.99	11.65	5.92	5.99	6.12
基金结余耗尽年份：						
年份	2034 年	2034 年	2034 年	2020 年	2020 年	2020 年

生育率变化对不同考察期限的基金收支累计现值比率的影响程度不同,主要是由于生育率变化对缴费人口和保险基金受益人口产生影响的时间顺序存在差异。当考察期为未来 25 年时,生育率下降影响到的人口基本尚未

参加工作,仅对基本养老保险的缴费人口有轻微影响,体现在收入累计现值比率下降0.02%;随着考察期延至50年,生育率下降(1.83降至1.62)对收入累计现值比率的影响开始显著,下降0.46%,但此时对支出累计现值比率仍未有明显影响;直至考察期为75年,生育率下降同时影响到缴费人口和基金受益人口,分别下降1.3个和0.28个百分点。

基本医疗保险基金方面,不同期限考察期内生育率变化对基金收支累计现值比率的影响情况基本与基本养老保险基金相似,影响程度随考察期的延长而愈加显著,但差异相对较小。主要是与两类保险基金受益人口存在差异,基本医疗保险基金支出主要体现在参保人员医疗费用报销方面,即未达到退休年龄的参保人员也会引起基金支出,因此生育率变化的作用时间差异相对弱化。

6.3.2 死亡率

在基准情形的基础上,进一步分析不同死亡率可能对基金收支平衡情况的影响。为方便表述,本部分以社会平均预期寿命表示不同死亡率情形,基准情形下的考察期末社会平均预期寿命为80.18岁,其他两种情况的社会平均预期寿命假设分别为80.77岁(平均死亡率降低20%)、79.13岁(平均死亡率增长20%)。不同死亡率条件下的基本养老保险基金和基本医疗保险基金的收、支累计现值比率及缺口率如表6.17所示。

表6.17　　不同死亡率假设下的两类保险基金长期平衡情况　　单位:%

项目	养老保险			医疗保险		
	80.18岁	80.77岁	79.13岁	80.18岁	80.77岁	79.13岁
收入累计现值比率:						
25年期:2016—2040年	18.23	18.30	18.17	8.53	8.58	8.49
50年期:2016—2065年	17.74	17.83	17.65	8.34	8.40	8.28
75年期:2016—2090年	17.56	17.67	17.45	8.29	8.37	8.21

续表

项目	养老保险			医疗保险		
	80.18 岁	80.77 岁	79.13 岁	80.18 岁	80.77 岁	79.13 岁
支出累计现值比率：						
25 年期：2016—2040 年	19.56	19.81	19.33	12.23	12.67	11.84
50 年期：2016—2065 年	25.18	25.65	24.76	13.70	14.42	13.09
75 年期：2016—2090 年	28.19	28.81	27.65	14.20	15.09	13.47
累计缺口率：						
25 年期：2016—2040 年	1.32	1.51	1.16	3.70	4.09	3.35
50 年期：2016—2065 年	7.44	7.83	7.11	5.36	6.02	4.81
75 年期：2016—2090 年	10.63	11.13	10.20	5.92	6.73	5.26
基金结余耗尽年份：						
年份	2034 年	2033 年	2034 年	2020 年	2019 年	2020 年

对于基本养老保险基金而言，当社会平均预期寿命从80.18岁降至79.13岁时，25年考察期和75年考察期的支出累计现值比率分别降低0.23%、0.54%，而两段考察期下的累计缺口率则分别下降0.16%和0.43%；当社会平均预期寿命从80.18岁增至80.77岁时，两段考察期的支出累计现值比率分别增加0.25%、0.62%，累计缺口率则分别增加0.19%和0.50%。可以发现，死亡率的下降会同时造成支出累计现值比率和累计缺口率的增加，并且伴随着考察期的延长，影响更加显著；此外，死亡率下降对支出累计现值比率和累计缺口率的影响程度普遍大于死亡率提高时的影响。

在收入方面，收入累计现值比率同样与死亡率呈反向变动，死亡率的下降会造成收入累计现值比率的增长，但收入累计现值比率对死亡率变动的敏感程度显著低于支出累计现值比率。以死亡率下降的情况为例，25年期和75年期的收入累计现值比率分别增长0.07%、0.12%。收、支累计现值比率对死亡率变动的不同敏感度也导致了累计缺口率的变化,即累计缺口率受死亡率变动影响后的变动方向与支出累计现值比率一致,但变动幅度略小于支出累计现值比率。

基本医疗保险方面,死亡率变化对收、支累计现值比率及缺口率的影响情况与基本养老保险的相应变化基本一致,即变动方向相同,但影响幅度略有差异。具体表现为,支出累计现值比率受影响的程度更高,收入累计现值比率受影响的程度则更低。以死亡率下降的情况为例,25年期和75年期的收入累计现值比率分别增长0.05%、0.08%,支出累计现值比率则分别增长0.44%、0.89%。相应地,死亡率变动对累计缺口率的影响程度也更大。

死亡率变化对两类保险基金累计缺口率的影响程度不同,主要是由于基本医疗保险基金的收入来源主要依靠财政补贴,本身缴费收入占比较小,而基本养老保险基金的收入则主要来源于参保人员个人及单位缴费,收入规模的不同导致死亡率对收入累计现值比率的影响程度不同;而在基金支出方面,死亡率的变化对医疗就诊和住院费用的影响更加直接、显著,因此医疗保险基金的支出累计现值比率受死亡率的影响更大。

但相比于生育率而言,死亡率变化对保险基金累计缺口率的影响更加快速、明显。

6.3.3 劳动生产率增长率

6.3.1小节和6.3.2小节主要分析了不同人口参数假设对基本养老保险基金和基本医疗保险基金各考察期累计缺口率的影响。实际上,除了人口因素外,经济环境也会对基金的收支产生显著影响,本部分重点分析不同劳动生产率假设下的基金累计缺口率变动情况。即在基准情形的基础上,分别测算高经济增速(基准情形的劳动生产率增长率+1%)、低经济增速(基准情形的劳动生产率增长率-1%)两种情形下的各考察期保险基金累计缺口率情况,并与基准情形下的测算结果进行比较,以探究不同经济增速对社保基金收支情况的可能影响。不同劳动生产率增长率条件下的基本养老保险基金和基本医疗保险基金的收、支累计现值比率及缺口率如表6.18所示。

表6.18 不同劳动生产率增长率假设下的两类保险基金长期平衡情况　单位：%

项目	养老保险			医疗保险		
	基准	基准+1%	基准-1%	基准	基准+1%	基准-1%
收入累计现值比率：						
25年期：2016—2040年	18.23	18.18	18.29	8.53	8.48	8.58
50年期：2016—2065年	17.74	17.71	17.77	8.34	8.30	8.38
75年期：2016—2090年	17.56	17.54	17.58	8.29	8.25	8.33
支出累计现值比率：						
25年期：2016—2040年	19.56	19.41	19.72	12.23	11.76	12.72
50年期：2016—2065年	25.18	24.99	25.39	13.70	13.18	14.28
75年期：2016—2090年	28.19	27.97	28.43	14.20	13.76	14.73
累计缺口率：						
25年期：2016—2040年	1.32	1.23	1.43	3.70	3.28	4.14
50年期：2016—2065年	7.44	7.29	7.62	5.36	4.88	5.90
75年期：2016—2090年	10.63	10.43	10.85	5.92	5.51	6.41
基金结余耗尽年份：						
年份	2034年	2034年	2034年	2020年	2020年	2019年

对于基本养老保险基金而言，当劳动生产率增长率增加1%时，25年考察期和75年考察期的支出累计现值比率分别下降0.15%、0.22%，收入累计现值比率分别下降0.05%、0.02%；当劳动生产率增长率减少1%时，上述两段考察期的支出累计现值比率分别增加0.16%、0.24%，收入累计现值比率分别增加0.06%、0.02%。可以发现，劳动生产率增长率向同方

向同等幅度变动时，收、支累计现值比率均向反方向变动，但支出累计现值比率的变动更为显著。

相应地，累计缺口率与劳动生产率增长率呈反向变动，如表 6.18 所示，当劳动生产率增长率增长 1% 时，25 年期和 75 年期的累计缺口率分别下降 0.09%、0.20%，而当劳动生产率增长率下降 1% 时，两段考察期的累计缺口率则分别增加 0.11%、0.22%。还可以发现，劳动生产率等幅度增减时，减小所带来的累计缺口率变化幅度更大，累计缺口率对劳动生产率下降的敏感程度更高。

对于基本医疗保险基金而言，累计缺口率受劳动生产率增长率的影响情况与基本养老保险基金基本相似，只是医疗保险基金的累计缺口率对劳动生产率增长率更加敏感。具体表现为，当劳动生产率增长率增加 1% 时，25 年期和 75 年期的累计缺口率分别下降 0.42%、0.41%；当劳动生产率增长率减少 1% 时，两段考察期的累计缺口率分别增加 0.46%、0.49%。

附件1　中国基本养老金隐性债务的测算简报

1　养老金隐性债务概念

Holzmann 在世界银行的社会保障讨论稿系列文章中，介绍了三种主要的关于养老金隐性债务的定义。第一种，到期应计债务，是一种以当前累积权益为基础、养老金体系承诺未来支付的养老金现值，任何未来养老金缴费和由此引致的养老金累积权益都不包含在内。第二种，预计的在职职工和退休人员的养老金债务，这种定义是建立在养老金计划直到最后一位缴费者去世前都将继续运行，从此时开始再没有新的参保者进入养老金计划，以及现存养老金计划参保者的未来缴费与未来权益都将被现存体制纳入其中的假设下，这种隐性债务的测算方法也被称作封闭性人口计算方法。第三种，开放系统债务，这种定义把现有养老金体制的新参保人员的缴费与养老金领取包括在内，测算范围从当前已出生、未参与工作的儿童扩大至无穷的未来，一般地，时间段任意选取，在整个期间运用该方法计算。

王晓军认为，养老金体制向参保者承诺的未来养老金给付的价值就是养老金债务。在原有现收现付养老金体制下，参保者的缴费被用于向退休者支付养老金，参保者以此积累其退休后领取养老金的权利，这一权利将由后代人的缴费来实现。因此，只要养老金制度可以持续运行，其承诺支付给每一代人的养老金都将由下一代人的缴费实现，无须定期评估和报告制度积累的债务，这样，养老金体系的实际债务将被掩藏在现收现付体制之下，即形成隐性债务。王晓军指出，隐性债务的一般定义是，在评估时点，参保者（包括养老金领取者和缴费者）将获得的养老金权益的现值。也就是说，假设人口处在封闭状态，不包括未来新加入养老金计划的参保人员，则此时参保者将获得的养老金权益的现值即为隐性债务。这是隐性债务的一种传统定义方式，基于中止法的假设。这类似于 Holzmann 提出的第二种定义。

李扬等在《中国国家资产负债表 2013》中认为，养老金隐性债务是一段时期养老金体系收支缺口的累计现值之和，这种定义方式是从资产负债表的角度对问题的考虑。更进一步地，他将隐性债务分为两个部分：其一是由养老金体制转轨而引起的隐性债务，其二是由人口老龄化所导致的隐性债务。这种养老金隐性债务的定义与王晓军给出的定义不同，它类似于 Holzmann 提出的第三种定义。

马骏等在《中国国家资产负债表研究》中，采用的养老金隐性债务与李扬等的研究一致。

曹远征等在《化解国家资产负债中长期风险》一文中，将养老金隐性债务定义为养老金权益净责任 NPBO，它等于现行养老金体制下，养老金计划参与者未来将领取的养老金精算现值与未来应当缴纳的养老金精算现值的差额。这一定义可用于研究在现有的养老金体制下，养老金体系负债情况的未来变化。很显然，当在某一时点，如果养老金基金账户的累积净额小于养老金权益净额，那么养老金体系自身将无法实现平衡，需要依赖国家财政予以补贴资助。

2 测算基础的比较

本报告采用累计收支缺口现值之和的方法测算隐性债务，这和马骏、李扬在构建国家资产负债表时对隐性债务的定义一致，因此在本章测算隐性债务之前，将对马骏、李扬选取的测算基础与本报告选取的测算基础进行比较说明。

附件1 中国基本养老金隐性债务的测算简报

2.1 测算范围

如表1所示,三者选取的测算口径不同,马骏重点分析城镇职工基本养老保险;李扬扩大测算口径,将城乡居民养老保险纳入考察范畴;更进一步地,本报告充分考虑农民工参加养老保险的特殊性——农民工可以自由选择,在户籍所在地参加新型农村养老保险,或者背靠雇用单位,参加城镇职工养老保险,单独分析其参保问题,测算全口径的养老金体系隐性负债。三者测算期间基本一致,最远至2050年。

表1 测算范围比较

项目	马骏	李扬	本报告
测算口径	城镇职工养老金体系	城镇职工和城乡居民养老金体系	全口径养老金体系
测算期间	2012—2050年	2010—2050年	2016—2050年

2.2 基础人口预测

人口预测方面,三者都是从存活人口、新生人口、城乡迁移人口三个方面进行考虑,但具体参数假设略有不同,详细的参数比较如表2所示。

表2 人口参数假设与比较

项目	马骏	李扬	本报告
基年人口结构	基于2000年第五次人口普查结果	基于2010年第六次人口普查结果	基于2010年第六次人口普查结果
生育率	2010—2050年期间,城乡总和生育率分别为1.292和1.70	2010—2050年期间,总和生育率1.4486,城、镇、乡村分别为1.082、1.4161、1.7615	2016—2050年期间,城镇妇女生育率保持1.80的水平不变;农村妇女生育率由2.27匀速增至2030年,达到2.29,到2050年匀速降至2.22

续表

项目	马骏	李扬	本报告
新生儿性别比	未列	2010—2050年期间，城、乡新生儿男女性别比始终都保持为1.07	到2050年，城镇新生儿性别比将由120.15下降至105，乡村新生儿性别比将由122.09下降至107；之后保持不变
死亡率	2050年前，人口死亡率匀速下降	预测期间每5年预期寿命增长速度降低21.88%①，然后据此反推人口死亡率；死亡率每5年变动一次	0~4岁儿童死亡率最高，50岁以上老龄人次之，4~50岁中年人死亡率最低
城镇迁移比	2010年人口从农村向城镇转移比例为21.87%（15~19岁）②（年龄包括15~59岁），此后每5年下降20%	分性别和年龄的人口迁移概率。③转移概率约为6.3%（15~19岁，男性）	利用第六次人口普查结果，假设2011年后农村向城镇迁移人口的迁移模式和2010年户口不在登记地的乡村人口迁移模式一样，直到城镇化率在2050年达到75%停止。假设2015年前每年从农村向城镇迁移的人数高达1200万人，2020年下降至1000万人，2030年下降至600万人，2050年下降至400万人

---

① 数据来自人口抽样调查。

② 数据来自马骏等（2012）220页，表8-7。这些数据根据1994年、1999年、2004年、2009年的人口抽样调查数据计算，依据分年龄农村和城镇人口的相对变化计算得到。数据如下：22.73%（20~24岁），12.91%（25~30岁），13.55%（30~34岁），8.89%（35~39岁），7.42%（40~44岁），5.87%（45~49岁），2.45%（50~54岁），4.32%（55~59岁）。

③ 数据来自李扬等（2013）223页，图15-2。这些数据根据2005—2010年人口普查和抽样调查数据计算。计算公式：农村$i-1$年龄人口迁移概率 = 扣除死亡人口后城市的i年龄人口在t年的增加量/农村$t-1$年的$i-1$年龄人口。马骏与李扬的数据差异来自他们的原始数据差异和计算公式差异。

附件1　中国基本养老金隐性债务的测算简报

马骏和李扬均认为官方统计结果公布的生育率存在偏低的情况，二人采用同样的方法，利用小学入学人口对低龄人口数量进行校准，在官方公布的数据基础上，适当地调高了生育率；在考虑未来二胎政策放开的影响效果的同时，考虑到经济发展对生育率的影响。马骏未专门描述过新生儿性别比；李扬则认为官方统计结果公布的新生儿性别比存在偏高的可能，同样利用小学入学人口对性别比进行校准，使模型采用的性别比适当降低；而本报告一方面根据小学入学人口对生育率和性别比进行了修正；另一方面也考虑到未来人们对于男女性别偏好的弱化，认为未来性别比将会有所下降。对于死亡率，三者均是通过预期寿命的未来变化来推测的。马骏认为，城乡转移仅发生在15~59岁人之中，利用联合国对我国未来城镇化率的预测估计未来城镇化率的变化；李扬认为城镇转移发生在1~50岁人之中；本报告则是依据第六次人口普查中分年龄、性别的居住在外城镇人口结构进行推算。

2.3　经济环境假设

工资矩阵方面：三者都是利用基年工资水平，并假设未来工资增长率，从而得到未来各年的工资结构；不同之处在于工资增长率的假设。马骏假设全社会平均工资的增幅等于GDP的实际增幅与CPI的增幅之和；李扬假设全社会平均工资增长率等于名义GDP增长率（这个假设是把劳动人口增长率看成是零，但是本报告已经根据人口预测构建了劳动人口增长率，是个已知的参数）；本报告假定全社会平均工资按劳动生产率增长率增长，实际劳动生产率增长率假设来自白重恩和张琼（2015）[①]，详见表3。

关于贴现率与财政补贴的比较如表4所示。按照Simus（1955）和Aaron（1966）的研究，现收现付制与积累制之间进行转换的临界条件是人口自然增长率加上社会平均工资增长率等于它的积累制度下资产的内部收益

---

① 白重恩，张琼. 中国经济增长前景［R/OL］.［2015-11-30］中国金融四十人论坛专题研究，http://www.cf40.org.cn/plus/view.php?aid=10383.

率。GDP增长率约等于人口自然增长率加劳动生产率增长率加劳动力参与率增长率，本报告假设劳动人口在总人口中所占比重保持不变，即劳动力参与率增长率为零，可以近似得到GDP增长率约为人口自然增长率与劳动生产率增长率之和。再假设社会平均工资照劳动生产率增长率进行增长，那么，内部收益率等于GDP增长率。据此，本报告选取名义GDP增长率用作贴现。

表3　　　　　　　　　实际劳动生产率增长率假设　　　　　　　单位：%

年份	劳动生产率	年份	劳动生产率	年份	劳动生产率	年份	劳动生产率
2011	9.09	2021	6.43	2031	5.38	2041	4.72
2012	7.33	2022	6.26	2032	5.28	2042	4.66
2013	7.34	2023	6.09	2033	5.19	2043	4.6
2014	6.94	2024	5.92	2034	5.10	2044	4.54
2015	6.94	2025	5.75	2035	5.00	2045	4.48
2016	6.87	2026	5.69	2036	4.96	2046	4.45
2017	6.81	2027	5.64	2037	4.91	2047	4.41
2018	6.74	2028	5.58	2038	4.87	2048	4.38
2019	6.67	2029	5.52	2039	4.83	2049	4.35
2020	6.61	2030	5.47	2040	4.78	2050	4.31

表4　　　　　　　　　贴现率和财政补贴的假设

项目	马骏	李扬	本报告
贴现率	名义GDP增长率	名义GDP增长率	劳动生产率增长率+人口增长率+劳动力参与率增长率
财政补贴	假设预测期间各年财政补贴占GDP的比例保持2011年的水平（0.48%）不变	2012年财政补贴总额2648亿元，占GDP比例为0.51%，假定未来该比例保持不变	假设预测期间各年财政补贴占GDP的比例保持0.8%不变（根据2013年、2014年的平均比例测算）

3 养老金参数假设

1. 工作年龄：按照《劳动法》的规定，将劳动力资源的年龄下限定为16岁。职工退休年龄分别为男性60岁、女干部55岁、女工人50岁；居民退休年龄均为60岁。并假设参保者从开始参加工作，即进入制度，至退休，整个参保期间连续足额缴费。

2. 参保率：企业职工100%参保，城镇个体私营业者参保率从2010年的86.2%匀速上升至2020年的100%；根据机关事业单位养老金改革，自2015年开始，机关单位100%参保，公益性和经营服务类事业单位参保率保持70%；城乡居民自2012年起实现100%参加居民养老保险；未在农村原籍参加新农保的人员参加农民工养老保险。

3. 缴费率：城镇职工养老保险统筹、个人账户缴费率20%、8%（未纳入统筹的机关事业单位职工除外）；城乡居民养老保险参保人员个人缴费与政府补贴相结合，并入个人账户，基年城居保人均缴费200元/年、新农保人均缴费300元/年，政府补贴均为人均30元/年，此后各年缴费按劳动生产率增长；农民工统筹账户缴费率12%，个人账户缴费率8%，缴费工资为在岗职工平均工资的60%。

注：2010—2015年基本养老保险相关参数根据实际情况校准（《中国社会保险发展年度报告》）。

4 隐性债务测算的数据基础

前文我们比较分析了马骏、李扬与本报告的测算基础，简单介绍了本报告的养老金参数假设，下面，将完成各年养老金年收支缺口及隐性负债的测算。

中国社会保险基金精算研究报告（2016）

城镇职工基本养老保险、城镇居民养老保险、新型农村养老保险、农民工养老保险的收支情况分别如表5至表7所示。

表5　　　　　　　　　　　　城镇职工养老保险　　　　　　　　单位：百亿元

年份	缴费			养老金支出		
	企业（含其他）职工	机关、事业单位职工	合计	企业（含其他）职工	机关、事业单位职工	合计
2014	151.92	16.78	168.70	198.45	16.64	215.10
2015	171.67	24.35	196.02	231.41	20.99	252.40
2020	304.75	84.10	388.86	338.23	34.44	372.68
2025	444.51	122.85	567.36	517.14	62.59	579.73
2030	623.03	172.15	795.18	793.32	112.28	905.60
2035	844.89	233.91	1078.80	1045.67	190.05	1235.72
2040	1152.95	320.62	1473.57	1616.37	298.91	1915.28
2045	1575.63	436.94	2012.57	2413.61	454.81	2868.42
2050	2116.50	583.95	2700.45	3546.88	683.38	4230.26

表6　　　　　　　　　　　　城乡居民养老保险　　　　　　　　单位：百亿元

年份	城镇居民养老保险		新型农村养老保险	
	缴费	养老金支出	缴费	养老金支出
2014	0.20	0.46	6.51	15.10
2015	0.34	0.38	6.77	20.49
2020	2.02	4.11	8.15	31.34
2025	5.41	16.87	9.86	46.90
2030	7.73	42.44	11.32	77.05
2035	10.65	87.22	13.39	113.55
2040	14.85	152.75	16.02	153.98
2045	20.15	250.16	18.64	209.87
2050	24.94	405.46	20.59	287.69

附件1 中国基本养老金隐性债务的测算简报

表7　　　　　　　　　　　农民工养老保险　　　　　　　单位：百亿元

年份	缴费	养老金支出
2014	35.28	0
2015	39.25	0
2020	63.26	0
2025	93.31	0
2030	133.01	42.08
2035	189.15	120.37
2040	263.17	249.88
2045	348.73	468.87
2050	452.55	801.71

将上述四类基本养老保险的缴费和养老金支出分别加总，得到预测期间基本养老保险体系的缴费总额和养老金支出总额汇总表，进而得到各年的收支缺口（简表），如表8所示。

表8　　　　　　　　　　　基本养老保险收支　　　　　　　单位：百亿元

项目	2014	2015	2020	2025	2030	2035	2040	2045	2050
缴费总额	210.68	242.40	462.29	675.94	947.24	1291.99	1767.61	2400.09	3198.53
养老金支出总额	230.65	273.27	408.12	643.50	1067.17	1556.85	2471.89	3797.32	5725.12
收支缺口	19.97	30.87	-54.17	-32.44	119.93	264.86	704.28	1397.23	2526.59

5　隐性债务测算与分析

养老金体系的各年收支缺口为各年养老金支出与缴费的差额，在上述表7、表8列明。在此条件下，将各年收支缺口分别贴现至2012—2014年，得到未来各年收支缺口分别在2012—2014年的现值,将其加总,得到累积缺口,即2012—2014年中国养老金体系的隐性债务分别为16.24万亿元、17.91万亿元、19.59万亿元,分别占当年GDP的30.06%、30.09%、30.41%。

与其他学者的研究进行对比:马骏的研究结果表明,截至2050年,从2012年起这38年积累的养老金缺口现在将占到当前GDP的75%,若参考2010年的GDP,则该养老金的累积缺口将达到29.8万亿元。转轨成本[①]是我国养老金短期收支压力的主要来源,而人口老龄化则是中长期内养老金收支缺口的主要因素。

李扬的研究结果表明,如果不进行改革,我国基本养老保险的统筹账户会成为国家财政的巨大负担。预计到2023年,城镇职工养老保险将出现资金缺口;2050年,城镇职工养老保险累计缺口将占当年GDP的91%(而上述的马骏类似研究结果是83%)。

王晓军和米海杰(2013)[②]的研究结果表明,其基准结果(折现率为6%)是2011—2060年累计缺口占2011年GDP的14.15%。当折现率为5%,缺口为6.96万亿元,占GDP的14.72%。

综上所述,本研究的结果要高于王晓军等的研究结果,小于马骏、李扬等的研究结果。

6 扣减稳定财政补贴之后的额外隐性债务测算

当前,政府通过财政补贴来应付养老金缺口。为应对养老金转轨期的转轨成本、居民养老保险的基础养老金发放、农民工的养老金补贴以及人

[①] 养老金体制改革后所需要额外支付给"老人"的超出基础养老金部分和"中人"的过渡性养老金部分之和。

[②] 王晓军和米海杰. 养老金支付缺口:口径、方法与测算分析[J]. 数量经济技术经济研究,2013(10):49-61.

附件1　中国基本养老金隐性债务的测算简报

口老龄化带来的长寿风险等，国家各级财政每年都会对养老金体系发放补贴，以维系养老金体系的运作。

政府补贴的性质属于养老基金的缴费收入。在机关事业单位养老金改革前，由于政府是机关事业单位员工的雇主，一部分财政补贴属于养老基金的正常缴费。在2014年10月实施改革后，我们在模型中直接将这部分缴费加入机关事业单位的缴费中。另一部分补贴，可以看成是养老金体系转轨过程中所发生的转轨成本。这部分的补贴应该是递减的。还有一部分，现有养老金制度使得国家承担了长寿风险（大于70岁），未来老龄化使得寿命延长，所以，财政补贴也包括这部分，这部分呈现递增趋势。

马骏和李扬在测算隐性债务的时候，均考虑到了这部分补贴。马骏通过对2010之前（包含2010年）各年国家财政补贴数据占当年GDP以及国家财政支出总额的比例进行分析考虑，预计2011年养老金体系的财政补贴将占当年GDP的0.48%，该比例在预测期间各年将保持不变。从而，推导出预测期间各年国家财政对养老金体系的补贴额度。

李扬则是假设：一旦养老金体系出现收支缺口，且当前养老基金的累计盈余不足以应对养老金支出，国家财政将补贴养老金体系，以实现养老基金的累计盈余为零。在这样的假设下，李扬估算出每年的政府补贴总额，包括居民养老保险的基础养老金补贴、原本每年就发放的各级财政补贴收入、为维持养老基金累计盈余为零所需要的财政补贴。分析各年为维持养老保险体系所需政府财政补贴占GDP和国家财政支出的比例，从而预测各年国家财政补贴数据。

本文则参照马骏的做法，在财政部网站上查到2013年、2014年的养老金体系财政补贴决算额及2015年的养老金体系财政补贴预算，分别为4435亿元、4607亿元、5620.35亿元，可以算得上述三年的财政补贴占当年GDP的比重分别为0.75%、0.72%、0.82%。综合这三年的财政补贴所占比例，并预计随着未来养老金体系收支缺口的扩大，财政补贴在当年GDP中所占的比例将会略有提升。故而选定0.8%作为未来各年国家财政补贴在当年 GDP 中所占的比例。

这样,在考虑财政补贴的情况下,将各年收支缺口分别贴现至 2012—2014 年,得到未来各年收支缺口分别在 2012—2014 年的现值,将其加总,得到累积缺口,即在考虑财政补贴情况下的 2012—2014 年中国养老金体系的额外隐性债务分别为 5.10 万亿元、6.05 万亿元、7.07 万亿元,分别占当年 GDP 的 9.44%、10.17%、10.97%。即在政府保持稳定的财政补贴的情况下,由于长寿风险的影响,政府在 2015 年还需要额外准备大约 7.1 万亿元的资金来应对未来的养老金支付。

7 隐性债务的敏感性分析

前面的测算结果基于所设定的基准精算假设,如果基准假设发生变动,将会得出不同的结果。这部分采用敏感性分析方法分析基准假设变动对测算结果的影响,选择生育率和死亡率、劳动生产率增长率、折现率、制度因素等因素,测算结果如表 9 所示。

表 9　　　　　　　　不同假设下的养老金隐性债务结果　　　　单位:万亿元

项目		2012	2013	2014
劳动生产率增长率	基准 -1%	16.15	17.64	19.12
	基准(均值为5.6%)	16.24	17.91	19.59
	基准 +1%	15.10	16.81	18.55
生育率	基准(全国1.85,城乡分别为1.80和2.22)	16.24	17.91	19.59
	情景1(全国1.77,城乡分别为1.72和2.13)	16.59	18.29	20.00
	情景2(全国1.62,城乡分别为1.48和2.20)	16.81	18.53	20.27
死亡率	基准(预期寿命男女分别为78.64岁和81.78岁)	16.24	17.91	19.59
	情景1(预期寿命男女分别为79.54岁和82.07岁)	17.29	19.06	20.85
	情景2(预期寿命男女分别为77.39岁和80.93岁)	15.32	16.90	18.47

附件1 中国基本养老金隐性债务的测算简报

续表

项目		2012	2013	2014
折现率	基准-1%	22.01	24.03	26.05
	基准（均值为5.4%）	16.24	17.91	19.59
	基准+1%	12.02	13.38	14.76
农民工保险	按照《农民工基本保险》	16.24	17.91	19.59
	按照新农合方式	20.32	22.30	24.42

注：（1）劳动生产率增长率会影响缺口，也影响贴现率，所以，从总体结果来看，隐性债务对劳动生产率增长率不敏感。

（2）生育率的基准情景和情景1都来自曾毅（2013）。曾毅（2013）"建议尽快实行'普遍允许二孩与提倡适当晚育'政策"（载于曾毅、顾宝昌、梁建章、郭志刚主编：《生育政策调整与中国发展》，北京：社会科学文献出版社，2013），分别为仅放开二胎和放开二胎的同时提倡晚育两种情况。生育率的提高会明显降低隐性债务。表9中列示的各种情景下的生育率数据为2050年生育率水平。

（3）这里的折现率变化仅仅只代表折现因子的变化，其他都没有影响。该因子对债务评估的影响非常大，由于折现因子本身与劳动生产率增长率、通货膨胀率是相关的，这些内在的影响因素同时影响折现因子和缺口数值，从而使得折现率的变化被缺口值的变化所冲销，这就减弱折现率变化对隐性债务值的影响。因此，可以不考虑单独折现率变化的影响，而考虑劳动生产率增长率的影响。

（4）对于农民工保险的处理，当采用农民工保险意见稿方式时，短期内缴费很高，但长期的支出非常大；当采用新农合方式时，短期内缴费比较少，长期支出比较平稳，而且值比较小。如果评估期延长，农民工保险意见稿方式会导致政府隐性债务大。在中期内评估，农民工的缴费对基本养老保险基金的收入起到了支撑作用。

8 结论

我国养老金体系自建立以来，已经历过多次改革，1997年开始的体制改革将原体系的现收现付制转变为部分基金积累制，体制转轨使旧体制下的隐性债务逐步显现，并日益显著，随着养老体系覆盖面的扩大，以及人口老龄化的加剧，这一隐性债务的影响日益严重，如不妥善解决，势必会

中国社会保险基金精算研究报告（2016）

对经济民生造成巨大冲击。本研究基于这一现实背景，测算各年养老保险基金收支，进而完成2016年的中国养老保险基金精算评估报告，本报告作为其中的一项研究结果，重点完成了未来35年的隐性负债测算及相关比较。

本报告的实证部分首先得到测算隐性债务的基础数据。利用养老金的代际核算账户分析养老金收支平衡的方法，首先构建本报告的计算基础——人口预测模型、工资预测模型，之后分别分析城镇职工养老保险（企业、机关、事业单位、其他）、城镇居民养老保险、新型农村养老保险、农民工养老保险的收支情况，汇总得到养老金体系的收支缺口。将各年收支缺口分别贴现至2012—2014年加总，即2012—2014年中国养老金体系的隐性债务分别为16.24万亿元、17.91万亿元、19.59万亿元，分别占当年GDP的30.06%、30.09%、30.41%。如果政府在保持当前稳定的财政补贴情况下，则由于长寿风险的影响，政府还需要额外准备大约7.1万亿元的资金应对养老金支付。

如果再考虑基本医疗保险的隐性债务，2012—2014年中国基本医疗保险体系的隐性债务分别为14.55万亿元、15.87万亿元、17.19万亿元，分别占当年GDP的28.08%、28.03%、27.04%，那么，由于人口老龄化和社会保障体系转型的影响，2012—2014年期间，中国社会保险体系（仅考虑基本养老保险和基本医疗保险）的隐性债务分别为30.79万亿元、33.78万亿元、36.78万亿元，分别占当年GDP的59.42%、60.52%、61.41%。

附件2 中国基本医疗保险基金隐性债务的测算简报

当前,我国医疗保险基金由城镇职工医疗保险、城镇居民医疗保险、新型农村合作医疗保险三个部分共同构成。本文分析测算 2014—2050 年期间全口径医疗保险基金的缴费、支出,以测算医疗保险基金体系的隐性债务。

1 医疗保险基金缴费

下文分城镇职工医疗保险、城镇居民医疗保险以及新型农村合作医疗保险三个模块,分析医疗保险基金的缴费情况。

1.1 城镇职工医疗保险

1998 年 12 月,国务院颁布了《关于建立城镇职工基本医疗保险制度的规定》,开始在全国建立保障职工基本医疗需求的社会医疗保险制度。城镇职工医疗保险基金实行社会统筹账户与个人账户相结合的模式,由企业和职工双方共同承担基本医疗保险的缴费责任。

设 x 表示年龄参数,k 表示性别参数;$N_{x,k}(t)$ 表示 t 年时的 x 岁 k 性别的职工人口数目,$c(t)$ 表示 t 年时的城镇职工医疗保险参保率,$W_{x,k}(t)$ 表示 t 年时的 x 岁 k 性别的职工平均工资,$J(t)$ 表示 t 年时的城镇职工医疗保险单位缴费率,$K(t)$ 表示 t 年时的城镇职工医疗保险个人缴费率,$S(t)$ 表示 t 年时的城镇职工医疗保险收缴率,$R(t)$ 表示 t 年时的城镇职工医疗保险缴费进入统筹账户的比例。

则 t 年时的城镇职工医疗保险基金收入为

$$I_1(t) = N_{x,k}(t) \times c(t) \times W_{x,k}(t) \times [J(t) + K(t)] \times S(t)$$

t 年时的城镇职工医疗保险基金统筹账户收入为

$$IT_1(t) = N_{x,k}(t) \times c(t) \times W_{x,k}(t) \times J(t) + R(t) \times S(t)$$

参数解释：

(1) 参保率：假设我国从 2014 年起实现医疗保险的全面覆盖。

(2) 缴费率：根据《国务院关于建立城镇职工基本医疗保险制度的决定》中的规定，假设单位缴费率为 6%，个人缴费率为 2%，且单位缴费的 87% 划入统筹账户。

(3) 收缴率：2010—2015 年期间各年城镇职工基本医疗保险基金的收缴率基本稳定在 85%~88% 之间（2011 年除外），且 2013—2015 年期间收缴率呈小幅上升，2015 年达到 87.78%。假定未来预测期间的收缴率保持 88% 不变。

1.2 城镇居民医疗保险

设 $N_2(t)$ 表示 t 年时的城镇居民医疗保险参保人数，$G_2(t)$ 表示 t 年时的城镇居民医疗保险人均政府补助，$P_2(t)$ 表示 t 年时的城镇居民医疗保险人均个人缴费。

则 t 年时的城镇居民医疗保险基金收入为

$$I_2(t) = N_2(t) \times [G_2(t) + P_2(t)]$$

参数解释：

(1) 参保人数：假设参加城镇居民医疗保险的覆盖范围包括 0~15 岁的所有城镇人口和未参加城镇职工医保的所有城镇人口，参保率从 2012 年开始达到 100%。

(2) 人均政府补助：2010—2015 年期间各年人均政府补助额从 110 元快速增至 403 元，假设从 2016 年起，该人均政府补助值将按劳动生产率增长率增长。

附件2 中国基本医疗保险基金隐性债务的测算简报

（3）人均个人缴费：2010—2015年期间各年人均个人缴费额分别为从54元增至112元，假设从2016年起，该人均个人缴费值将按劳动生产率增长率增长。

1.3 新型农村合作医疗保险

设 $N_3(t)$ 表示 t 年时的新型农村合作医疗保险参保人数，$G_3(t)$ 表示 t 年时的新型农村合作医疗保险人均政府补助，$P_3(t)$ 表示 t 年时的新型农村合作医疗保险人均个人缴费。

则 t 年时的新型农村合作医疗保险基金收入为

$$I_3(t) = N_3(t) \times [G_3(t) + P_3(t)]$$

参数解释：

（1）参保人数：假设所有农村人口都参加新型农村合作医疗保险。

（2）人均政府补助：2010—2012年期间各年人均政府补助额分别为120元、200元、240元，假设从2013年起，该人均政府补助值将按劳动生产率增长率增长。

（3）人均个人缴费：2010—2014年期间各年人均个人缴费额从36.6元增至125.01元，假设从2015年起，该人均个人缴费值将按劳动生产率增长率增长。

1.4 医疗保险基金缴费情况

根据上述分析，可以分别得到城镇职工医疗保险、城镇居民医疗保险、新型农村合作医疗保险在预测期间各年的缴费情况，将其汇总得到各年的全口径医疗保险基金缴费情况，如表1所示。

表1　　　　　　　医疗保险基金缴费收入　　　　　单位：百亿元

项目	2014	2015	2020	2025	2030	2035	2040	2045	2050
医疗保险基金缴费	89.54	101.92	163.41	241.67	341.54	470.70	648.73	877.02	1160.57

为单独考虑医疗保险基金的独立运行能力，本文测算的医疗保险基金缴费收入仅包括参保人员个人和用人单位的缴费收入，未将居民医疗保险的缴费财政补贴包含在内。

各年变化趋势如图1所示。

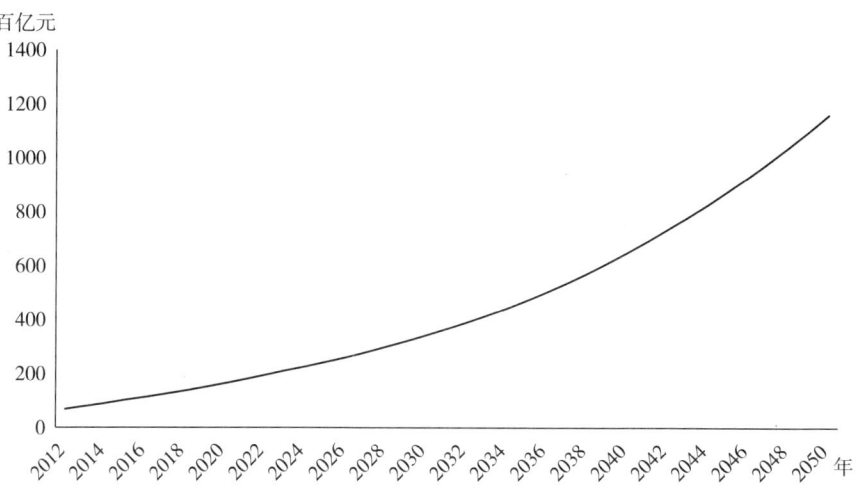

图1 医疗保险基金缴费收入

2 医疗保险基金支出

2.1 各类医保支出的测算

医疗保险基金的支出包括住院费用和就诊费用两类。设 i 表示医疗保险类型，x 表示年龄，k 表示性别，l 表示城乡；$N_{x,k,l}^{i}(t)$ 表示 t 年时的 x 岁 k 性别 l 地区的 i 类型医疗保险的参保人员数目，$H_{x,k,l}^{i}(t)$ 表示 t 年时的 x 岁 k 性别 l 地区的 i 类型医疗保险的参保人员住院率，$c_{x,k,l}^{i}(t)$ 表示 t 年时的 x 岁 k 性别 l 地区的 i 类型医疗保险的参保人员次住院费用，$R^{i}(t)$ 表示 t 年时的 i 类型医疗保险的参保人员住院补偿比例，$J_{x,k,l}^{i}(t)$ 表示 t 年时的 x

附件2 中国基本医疗保险基金隐性债务的测算简报

岁 k 性别 l 地区的 i 类型医疗保险的参保人员就诊率，$P_{x,k,l}^{i}(t)$ 表示 t 年时的 x 岁 k 性别 l 地区的 i 类型医疗保险的参保人员次就诊费用，$B^{i}(t)$ 表示 t 年时的 i 类型医疗保险的参保人员就诊补偿比例。

则 t 年时的 i 类型医疗保险基金支出数额为

$$G^{i}(t) = \sum_{k=1}^{2}\sum_{l=1}^{2}\sum_{x=1}^{100} N_{x,k,l}^{i}(t) H_{x,k,l}^{i}(t) c_{x,k,l}^{i}(t) R^{i}(t) \\ + \sum_{k=1}^{2}\sum_{l=1}^{2}\sum_{x=1}^{100} N_{x,k,l}^{i}(t) J_{x,k,l}^{i}(t) P_{x,k,l}^{i}(t) B^{i}(t)$$

参数解释：

（1）分析1993—2013年期间的住院率和就诊率变化情况，从而更准确地预测其在未来的变化趋势。由于自2013年起，我国医保的覆盖率已经接近全面覆盖，城镇职工医疗保险、城镇居民医疗保险、新型农村合作医疗保险均已达到相对稳定的水平。故而本文以《2013年第五次国家卫生服务调查分析报告》公布的分年龄、性别的城乡住院率和就诊率数据为基础，再利用《中国社会保险发展年度报告》公布的平均住院、就诊情况加以校准。假定未来各年均保持该水平不变。

（2）次均住院费用、次均就诊费用：通过1993—2013年的《国家卫生服务调查分析报告》公布的各地区城乡次均医疗费用进行面板数据分析，得到预测期间各年的城乡次均医疗费用增长率。利用《中国社会保险发展年度报告》公布的各年城镇职工次均医疗费用作为城镇职工、居民次均医疗费用的基础数据。由于新型农村合作医疗的公开数据较少，本文以2008年的《国家卫生服务调查分析报告》公布的医疗费用数据作为基础数据。

表2 2010—2015年期间各年的城镇职工次均医疗费用

项目	2010	2011	2012	2013	2014	2015
次均就诊费用（元）	5468	5551	5698	6146	6653	6821
次均住院费用（元）	8413	8780	9313	9693	10095	10414

资料来源：《中国社会保险发展年度报告》。

假设"城职保""城居保"的次均就诊费用和次均住院费用分别按照城镇次均就诊费用和次均住院费用的增长率增长,"新农合"的次均就诊费用和次均住院费用分别按照农村次均就诊费用和次均住院费用的增长率增长。

(3) 报销比：2010—2015 年期间，城镇职工医疗保险和城镇居民医疗保险的住院费用报销比分别稳定在 82% 和 65% 附近，假设未来两类医保的住院费用报销比分别保持 82% 和 65.55% 不变。相比而言，两类医保的就诊费用报销比存在一定波动，但在 2013—2015 年内，波动也较为平缓，假设未来的就诊费用报销比保持 3 年报销比的平均水平不变。

表3　2010—2015 年期间各年的医疗保险参保人员医疗费用报销比　　单位：%

项目	2010	2011	2012	2013	2014	2015
住院费用报销比						
城职保	79.2	81.0	81.3	81.9	82.1	81.9
城居保	59.0	62.1	64.4	66.7	66.5	64.6
新农合	36.0	40.7	45.4	50.1	50.1	50.1
就诊费用报销比						
城职保	41.2	44.7	47.1	49.5	50.8	49.76
城居保	47.54	47.66	43.96	38.37	55.55	38.04
新农合	6.3	10.9	20.9	20.9	20.9	20.9

新型农村合作医疗的住院费用和就诊费用报销比则是在上述假设的基础上校准得到的。

2.2　医疗保险基金支出情况

根据上述分析，可以分别得到城镇职工医疗保险、城镇居民医疗保险、新型农村合作医疗保险在预测期间各年的支出情况，将其汇总得到各年的全口径医疗保险基金支出情况，如表4所示。

附件2 中国基本医疗保险基金隐性债务的测算简报

表4　　　　　　　　　医疗保险基金支出　　　　　单位：百亿元

项目	2014	2015	2020	2025	2030	2035	2040	2045	2050
医疗保险基金支出	109.8261	123.5217	206.4338	323.5835	499.2134	752.5684	1098.742	1561.858	2165.874

各年变化趋势如图2所示。

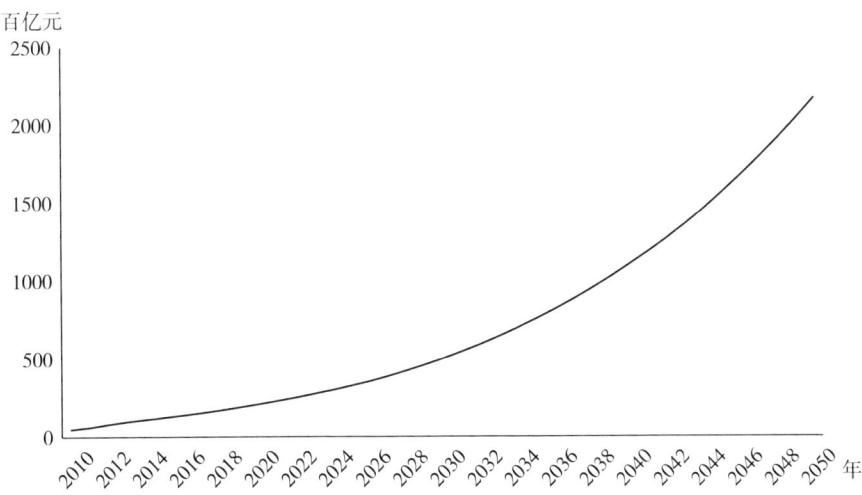

图2　医疗保险基金支出

3　贴现率的测算

本文在测算隐性债务时，以GDP增长率为贴现率，将预测期间的未来养老金收支缺口贴现至测算基点2014年。本部分内容就是预测2014—2050年期间各年的GDP增长率。

生产技术的进步，以及人口的增长将共同促进GDP的增长。因此GDP

的增长取决于劳动生产率的增长和人口的增长，本文假设 GDP 增长率等于劳动生产率增长率和人口增长率二者之和。

通过前文的人口预测，可以推算得到人口增长率。

劳动生产率增长率是本文所要运用的代际核算体系的重要参数，社会平均工资、缴费基数、养老金发放等多项因素都将按照劳动生产率增长率增长。本研究借鉴白重恩和张琼（2015）[①] 发表的结果来假设劳动生产率增长率，如表 5 所示。其中，2011—2014 年为实际值，2015 年以后为估计值。

表5　　　　　　　　　劳动生产率假设　　　　　　　　单位：%

年份	劳动生产率	年份	劳动生产率	年份	劳动生产率	年份	劳动生产率
2011	9.09	2021	6.43	2031	5.38	2041	4.72
2012	7.33	2022	6.26	2032	5.28	2042	4.66
2013	7.34	2023	6.09	2033	5.19	2043	4.6
2014	6.94	2024	5.92	2034	5.10	2044	4.54
2015	6.94	2025	5.75	2035	5.00	2045	4.48
2016	6.87	2026	5.69	2036	4.96	2046	4.45
2017	6.81	2027	5.64	2037	4.91	2047	4.41
2018	6.74	2028	5.58	2038	4.87	2048	4.38
2019	6.67	2029	5.52	2039	4.83	2049	4.35
2020	6.61	2030	5.47	2040	4.78	2050	4.31

以 GDP 增长率进行贴现，这样可以推算出测算期间内未来各年的贴现率及累计贴现率。

[①] 白重恩，张琼.中国经济增长前景［R/OL］.［2015 - 11 - 30］中国金融四十人论坛专题研究，http://www.cf40.org.cn/plus/view.php? aid = 10383.

附件2 中国基本医疗保险基金隐性债务的测算简报

4 收支缺口及隐性债务测算

该体系的收支缺口相当于分别用2014—2050年期间各年的医保基金支出减去缴费收入，差值即为各年医保基金体系的收支缺口。结果如表6所示。

表6　　　　2014—2050年期间各年医保基金体系收支缺口　　单位：百亿元

项目	2014	2015	2020	2025	2030	2035	2040	2045	2050
社会医疗保险收支缺口	20.29	21.60	43.02	81.92	157.67	281.87	450.01	684.83	1005.30

再利用此前得到的贴现率将各年收支缺口分别贴现到2012—2014年，得到2012—2014年各年的医保基金体系隐性债务分别为14.55万亿元、15.87万亿元、17.19万亿元，分别占当年GDP的28.08%、28.03%、27.04%。

5 考虑财政补贴情况下的额外隐性债务测算

在现实情况下，国家各级政府每年都会对医保基金体系提供财政补贴，以维持其运行，参照马骏在预测养老金体系的财政补贴时的做法，分析过往各年医疗保险基金体系的财务补贴数据，可以得到2013—2015年期间各年财政补贴占当年名义GDP的比例，如表7所示。

表7　　　　2013—2015年期间财政补贴数据　　单位：百亿元、%

项目	2013	2014	2015
医保基金体系财政补贴	30.82	35.90	41.0027
财政补贴占当年GDP的比重	0.54	0.56	0.61

从表 7 可以看到，在 2013—2015 年期间，财政补贴占当年 GDP 的比重呈现略微上涨的趋势，但涨幅较小。根据这三年数据，假设预测期间内，2016 年的财政补贴数值占当年 GDP 的比重均保持在 0.61% 的水平不变，在 2017 年之后补贴比例假设为 0.7%。由此可以得到未来各年的财政补贴。

加入财政补贴，作为收支缺口的扣减项，即用各年医保基金支出减去医保基金缴费收入，再减去医保基金体系财政补贴，从而得到在考虑财政补贴情况下的各年医保基金体系收支缺口。

按照前面的方法，将各年收支缺口分别贴现至 2012—2014 年，并进行加总，最终就可以得到考虑财政补贴情况下的 2012—2014 年医保基金体系的隐性债务分别为 5.04 万亿元、5.72 万亿元、6.41 万亿元，分别占当年 GDP 的 9.73%、10.10%、10.07%。即在政府保持稳定的财政补贴情况下，由于人口老龄化导致的健康风险影响，2014 年政府还需要额外准备大约 6.5 万亿元的资金应对医疗保险支付。

6 隐性债务的敏感性分析

前面的测算结果基于所设定的基准精算假设，如果基准假设发生变动，将会得出不同的结果。这部分采用敏感性分析方法分析基准假设变动对测算结果的影响，选择劳动生产率增长率（影响缴费水平）、制度因素（城镇居民和新农合的合并）等因素，测算结果见表 8。

表 8　　　　　不同假设下的医疗保险基金隐性债务结果　　　　单位：万亿元

	项目	2012	2013	2014
劳动生产率增长率	基准情形 −1%	16.051	17.356	18.647
	基准情形	14.549	15.866	17.193
	基准情形 +1%	13.151	14.462	15.804

附件 2　中国基本医疗保险基金隐性债务的测算简报

续表

项目		2012	2013	2014
生育率	基准（全国 1.85，城乡分别为 1.80 和 2.22）	14.549	15.866	17.193
	情景 1（全国 1.77，城乡分别为 1.72 和 2.13）	14.581	15.901	17.232
	情景 2（全国 1.62，城乡分别为 1.48 和 2.20）	14.583	15.903	17.234
死亡率	基准（预期寿命男女分别为 78.64 岁和 81.78 岁）	14.549	15.866	17.193
	情景 1（预期寿命男女分别为 79.54 岁和 82.07 岁）	16.114	17.582	19.064
	情景 2（预期寿命男女分别为 77.39 岁和 80.93 岁）	13.206	14.394	15.588
城镇居民和新农合合并	基准（分开）	14.549	15.866	17.193
	合并（2015 年统筹）①	17.271	18.859	20.472

7　结论

我国医疗保险体系自建立以来，已经历过多次改革，目前已经建立起全面覆盖的医疗保险制度体系。人口老龄化的加剧和健康医疗支出费用的增加，将增加我国基本医疗保险支出缺口，形成我国财政的隐性债务。本文基于这一现实背景，测算医疗保险基金的隐性负债，目的是提供 2012—2014 年中国基本医疗保险基金体系的隐性债务评估报告。

本文在对医疗保险基金收支进行预测的基础上利用现金流量折现方法测算基本医疗保险体系的隐性债务。以 2010 年第六次人口普查数据为基础，利用队列要素法对城乡分年龄、性别人口进行预测。在人口预测结果的基础上，考虑参合结构、工资水平、缴费率和筹资额度，可以进一步对医疗保险的基金收入进行预测。将各个医疗保险类型分性别、年龄、城乡

---

① 国务院发布《关于整合城乡居民基本医疗保险制度的意见》（国发〔2016〕3 号），要求 2016 年底实施城乡居民基本医疗保险统筹。本文根据该规定，将"新农合统筹并入城居保"作为基本医疗保险制度的敏感性分析。

的参保人口数，乘以分性别、年龄、城乡的住院率或就诊率，乘以次均住院费用或次均就诊费用，再将二者相加，得出各个医保类型的参保人员总医疗支出。住院率、就诊率、次均住院费用、次均就诊费用是关键变量，我们在对住院率、就诊率、次均住院费用和次均就诊费用的可能影响因素进行计量分析的基础上对三大医疗保险基金的支出进行预测。将各年收支缺口分别贴现至 2012—2014 年加总，即 2012—2014 年中国基本医疗保险体系的隐性债务分别为 14.55 万亿元、15.87 万亿元、17.19 万亿元，分别占当年 GDP 的 28.08%、28.03%、27.04%。如果政府在保持当前稳定的财政补贴的情况下，由于人口老龄化和健康支出增长的影响，政府还需要额外准备大约 6.5 万亿元的资金应对医疗保险的支付。如果再考虑国务院发布的《关于整合城乡居民基本医疗保险制度的意见》（国发〔2016〕3 号）的影响，要求 2016 年底实施城乡居民基本医疗保险统筹，那么导致政府的隐性债务比基准情形下还要多出了 3.3 万亿元左右。即中国政府在现有稳定的财政补贴的情况下，还需要额外准备大约 10 万亿元的资金应对医疗保险基金的支付。